Essbare Blüten

Bunte Rezepte für Speisen und Getränke

CLAUDIA KÖLTRINGER
FOTOS: B. SALOMON

Inhalt

Vorwort

Gute Laune mit bunten Blüten – und dies alle Tage

Die meisten Menschen denken bei Gelees an Kirschen, Erdbeeren, Himbeeren oder andere Köstlichkeiten aus dem Obstgarten, aber unser Garten liefert neben feinem Obst und frischen Beeren auch noch andere, weniger bekannte Köstlichkeiten. Wie wäre es zum Beispiel mit essbaren Blüten?

Auch fremde Kulturen verwenden neben Kräutern und Obst frische oder getrocknete Blüten in ihrer traditionellen Küche, denn aus Blüten leckere Speisen zu bereiten ist nicht neu – darüber berichteten schon große Dichter wie Homer. Auch bei den alten Römern kannte man bereits essbare Blüten und machte davon reichlich Gebrauch. Und allen voran entdeckte die heilige Hildegard von Bingen die Wirksamkeit der Blüten für die Gesundheit der Menschen und setzte einen bis heute anhaltenden Trend. Frische Blüten zu bekommen, war auch in früheren Zeiten – genauso wie heute – denkbar einfach, denn meist fand man eine Vielzahl an bunten Blüten in den wunderschönen Bauerngärten oder am Feldrand und musste sie einfach nur sammeln und verarbeiten.

In der heutigen, modernen Zeit erinnert man sich wieder vermehrt an Rezepte mit zum Beispiel Rosen-, Lavendel- oder Ringelblumenblüten, die am Wegesrand stehen oder in fast jedem Garten zu finden sind.

Sowohl aus der modernen Gegenwart als auch aus der traditionellen Vergangenheit stammen die Rezepte meines neuen Buches und zeigen Ihnen viele kreative Ideen für Köstlichkeiten aus Lindenblüten, Löwenzahn und Gänseblümchen – aber auch Fuchsien, Tagetes, Veilchen und sogar Dahlien können zu Gelees verarbeitet werden. Sie haben einen außergewöhnlichen und wunderbar blumigen Geschmack und tragen zur Erhaltung unserer Gesundheit mindestens genauso viel bei wie so manche Kräuter.

Es ist auch einen Versuch wert, die bunte Blütenpracht in herkömmliche Gewürzmischungen für Fisch oder Salat einzuarbeiten. Sieht nicht nur fröhlich bunt aus, sondern schmeckt hervorragend. Und glauben Sie mir – alle in diesem Buch angeführten Rezepte sind etwas ganz Besonderes und laden zum Experimentieren und ausprobieren ein ...

Ich wünsche Ihnen viel Spaß beim Nachkochen und Ansetzen meiner Köstlichkeiten aus dem Blütengarten.

Ihre Claudia Költringer

Blüten bringen Farbe
in die Küche

Es ist schon lange kein Geheimnis mehr, dass Blüten eine wundervolle und vor allem köstliche Bereicherung für die Küche sind. Doch wie auch bei der Verarbeitung von Kräutern sind einige Kleinigkeiten zu beachten:

Generell sind die meisten Blüten genießbar. Aber auch hier gilt: Bitte nicht mit Blüten experimentieren, die Sie nicht genau kennen und von denen Sie nicht wissen, ob sie essbar bzw. verträg-

Frisch geerntete Blüten warten auf ihren Einsatz.

lich sind. Selbstverständlich habe ich für Sie eine Liste mit den beliebtesten und geschmacklich hervorstechendsten Blüten zusammengestellt, die nach Belieben erweitert werden kann (S. 124). Sie wird Ihnen auf jeden Fall helfen, in das Thema einzusteigen. Aber sobald Sie bei einer Pflanze unsicher sind – bitte diese keinesfalls verzehren oder weiterverarbeiten.

Genauso wichtig ist es, darauf zu achten, dass die Blüten naturrein sind, das heißt, nicht mit Pflanzenschutzmitteln oder anderen Chemikalien behandelt wurden. Es ist auch zu beachten, dass herkömmliche Schnittblumen und Topfpflanzen aus dem Blumenladen nicht zum Verzehr geeignet sind, sie sind mit Sicherheit kräftig gedüngt. Wenn man keinen eigenen Garten hat, kann man sich mit Supermärkten und Gemüseläden aushelfen, die speziell essbare Blütenkräuter anbieten. Auch bei sogenannten Wildkräutern ist es wichtig, dass sie nicht in der Nähe von konventionell bewirtschafteten Feldern wachsen, nicht mit Pflanzenschutzmitteln belastet sind und keine Hunde-Gassi-Wege daran vorbeiführen.

Wenn Sie alle diese Punkte einhalten, steht dem Duft- und Geschmackserlebnis Blütenküche nichts mehr im Weg!

Nicht nur optisch ein Genuss

Die Verarbeitung von Blüten erfordert einige Sorgfalt, denn die zarten Kelche und Blütenblätter sind sehr empfindlich und welken schnell. Es empfiehlt sich, die Blüten erst kurz vor der Verarbeitung zu pflücken. Der beste Zeitpunkt für die Ernte ist ein sonniger Tag um die Mittagszeit, denn dann sind die ätherischen Öle am wirkungsvollsten und die Aromen am intensivsten.

Um lästige Mitbewohner wie Ameisen & Co. nicht mitzuverarbeiten, sollten Sie die ganzen Blüten kopfüber ausschütteln, was besonders bei Kapuzinerkresse sehr ratsam ist. Beim Abwaschen mit kaltem oder lauwarmem Wasser büßen die zarten Blüten viel von Farbe, Duft und Konsistenz ein. Aus diesem Grund verzichte ich, so weit es geht, gänzlich darauf.

Wenn Sie nur die Blütenblätter als Dekoration für die Speisen verwenden möchten, werden diese erst direkt und kurz vor dem Servieren abgezupft. Ganze Blütenköpfchen halten sich in einer Schale voll handwarmen Wasser für längere Zeit frisch.

Ganz wichtig ist es auf jeden Fall, vor der Verwendung Stiele, Staubgefäße und Kelchblätter zu entfernen. Viele Blüten wie z. B. **Löwenzahn, Salbei, Primel, Veilchen** und **Schlüsselblume** lassen sich ganz leicht vom Kelch abziehen, ohne dass die für unsere Küche wertvollen Blüten beschädigt werden.

Anders ist es zum Beispiel bei **Arnika, Margerite** und **Stockrose**, sie lassen sich nicht so einfach vom Kelch abziehen. Bei ihnen zwickt man die Blütenblätter einfach mit einem kleinen Messer oder dem Fingernagel ab.

Bei der Königin der Blumen – der **Rose** – empfiehlt es sich, das Blütenköpfchen im Ganzen vom Kelch abzuschneiden. Ganz mühelos hingegen kann man von **Gänseblümchen** oder **Sonnenblumen** die feinen Blütenblätter abziehen.

Vorsicht ist bei **Nelken** und **Phlox** geboten, die Gelees oder Marmeladen wunderbar verfeinern. Ihr weißer Ansatz der Blütenblätter schmeckt jedoch bitter – diesen am besten mit einem kleinen Messer oder einer Schere abschneiden.

Blüten richtig trocknen

Die warmen Sommermonate sind die Hochzeit des Blütenwachstums – und auch die beste Gelegenheit, für den Winter vorzusorgen. Die meisten Blüten lassen sich ohne Probleme und ganz schnell trocknen. Hierfür werden sie vorsichtig gepflückt, am besten um die Mittagszeit, wenn der Tau schon verdunstet ist.

Die einfachste und altbewährteste Art, Blüten zu trocknen, ist, sie in kleinen Bündeln an den Stängeln kopfüber an einem luftigen Ort ohne direkte Sonneneinstrahlung aufzuhängen. Ideal eignen sich hierfür warme und vor allem gut durchlüftete Räume wie Dachböden oder luftigen Kellerräumen. Alternativ können die Blüten auch lose auf einem Gitter oder etwas Zeitungspapier ausgelegt werden.

Wenn es ganz schnell gehen soll, besteht auch die Möglichkeit, sie auf der niedrigsten Stufe des Backofens zu trocknen. Ganz wichtig ist es, die Backofentür einen kleinen Spalt offen zu lassen, damit die beim Trocknungsvorgang entstehende Luftfeuch-

Eine Vielzahl von Duftblüten finden Sie vor Ihrer Haustüre.

9

tigkeit abziehen kann. Die Temperatur sollte 35 °C nicht übersteigen, da sich sonst die wunderbaren Düfte und die schönen Farben verflüchtigen.

Wenn die Blüten gut durchgetrocknet sind, werden sie in Schraubgläsern oder Dosen kühl, dunkel und vor allem trocken aufbewahrt. Die Haltbarkeitsdauer beträgt etwa 1 Jahr. Wenn Sie bei der Zubereitung eines Rezeptes getrocknete Blüten nehmen, reicht die Hälfte der Menge, die Sie bei frischen Blüten verwenden würden.

Essbare Blüten – Köstlichkeiten seit vielen Generationen

Blüten wurden bereits im Mittelalter aufgrund ihres Duftes und Aromas außerordentlich geschätzt. In alten Aufzeichnungen kann man nachlesen, dass die Ägypter z. B. Rosen, Veilchen und Lavendel für ihre Speisen verwendeten. In der asiatischen Küche werden die Blüten von Chrysanthemen, Zitronengras und Koriander seit mehr als 1.000 Jahren eingesetzt.

Im Mittelalter, gegen Ende des 15. Jahrhunderts, erfuhren speziell der Mittelmeerraum und die angrenzenden Länder ein großes Interesse am Gartenbau und der Gestaltung wunderschöner Klostergärten. Doch leider war es nur den Frauen wohlhabender Häuser und den Mönchen vorbehalten, sich ein großes Wissen über die Verwendung und Haltbarmachung von Blüten anzueignen. Mit den großen Wanderungen von Mönchen in ferne Länder wurden viele Pflanze, Blumen und somit auch duftende Blüten nach Europa eingeführt und es kam zu einem geschichtsträchtigen Austausch von Wissen zwischen Arm und Reich sowie »alter« und »neuer« Welt.

Die große Kunst der Verarbeitung von essbaren Blüten in kulinarische Köstlichkeiten entwickelte sich in Frankreich – wie könnte

es auch anders sein. Sie wurde über die Jahrhunderte zunehmend verfeinert und eröffnete mit Ende des 18. Jahrhunderts ganz neue Wege. Aufzeichnungen der heiligen Hildegard von Bingen geben uns große Einblicke in die Küchen und Vorratsräumlichkeiten ihres Jahrhunderts – wahre Schatzkammern voller Düfte und Aromen. Die Blüten der Rosen wurden zu Rosenwasser oder wertvollem Rosenöl verarbeitet, Zucker und süße Köstlichkeiten wurden mit Lavendel-, Veilchen- oder Rosenzucker verfeinert, verschiedene Blüten wurden kandiert.

An dieser Stelle möchte ich ganz besonders das Konservieren von Blüten und Kräutern mit Zucker erwähnen. Dies war ein sehr beliebtes Verfahren. Blüten wurden mit Zucker überzogen und dienten als genießbare Dekoration von Süßspeisen. Maria Theresia, Kaiserin von Österreich, war zum Beispiel Liebhaberin von sogenannter »Zuckerpaste«, die aus duftenden Blüten, Zitronensaft und Zucker hergestellt wurde und die man wie Pralinen oder Konfekt in kleine Stücke schnitt.

Die Italiener waren die wahren Erfinder des mit Blüten aromatisierten Alkohols. Erste Rezepte für Liköre tauchten auf. Und auch Wein wurde mit Rosen- oder Veilchenblüten neues Aroma verliehen. Ich glaube, Ihnen sehr gut veranschaulichen zu können, dass Blüten seit vielen 1.000 Jahren verwendet werden und zum Küchenalltag gehören – einmal probiert, möchte man diese kulinarischen Köstlichkeiten nicht mehr missen. Von allen Duftblüten, die man im Laufe der Jahrhunderte verwendete, waren Rosen, Veilchen, Lavendel, Nelken und Schlüsselblumen wohl am beliebtesten.

Die Blütensaison ist eröffnet

Blüten verleihen der modernen Küche das »gewisse Etwas«. Sie verzaubern Vorspeisen, machen Getränke zu wahren Geschmacksexplosionen, bereichern sowohl kalorienreduzierte als auch herzhafte Hauptgerichte und machen Desserts zu kulinarischen Köstlichkeiten. Geben Sie Ihrer Fantasie die Chance, den Blüten unbekannte Genüsse zu entlocken – die Möglichkeiten sind schier unerschöpflich.

Unter den Blütenkräutern sind auch viele altbekannte Heilkräuter. Deren Blüten sind vom Geschmack her lieblicher, haben aber meist dieselbe Heilwirkung wie der Rest der Pflanze. So sind sie z. B. eine ideale Zutat für Hustentee (S. 111).

Im Anhang finden Sie eine hilfreiche Aufstellung, wann Ihnen welche Blüten zur Verfügung stehen. Wie lange die einzelnen Blüten geerntet werden können, hängt natürlich auch von Witterung und Standort ab.

Im Laufe der Zeit werden Sie ein Gespür für die Blütensaisons in Ihrer Umgebung entwickeln. So können Sie die Vorfreude auf die ersten Knospen im Frühjahr ganz bewusst genießen.

Blütenzucker ist schnell zubereitet und schmeckt einfach köstlich zu Tee und in Süßspeisen.

Salate & Suppen, Dips & Desserts

Süße Lavendelbrötchen »Zauber der Provence«

Verfeinert durch duftende Lavendelblüten laden die süßen Brötchen zum Genießen ein. In Anlehnung an die traditionelle französische Küche verleiht diese Leckerei Ihrem nächsten Kaffeekränzchen den besonderen Kick. Laden Sie Ihren Besuch auf eine kulinarische Reise nach Frankreich ein. Der feine Hefeteig ist schnell hergestellt und gelingt garantiert.

Zutaten*

500 g Mehl (Type 550)
1 Päckchen Hefe
20 g Zucker
500 ml Buttermilch
1 Prise Kräutersalz
3 EL Lavendelblüten
Etwas Butter für die Pfanne
3 EL Lavendelblüten
Eiweiß von 2 Eiern

1 Aus dem Mehl, der Hefe, etwas Zucker, der Buttermilch und 1 Prise Salz den Hefeteig herstellen und sorgfältig durchkneten. Gehen lassen, bis er auf die doppelte Masse gewachsen ist.

2 Die Lavendelblüten und den restlichen Zucker kurz in einer heißen Pfanne mit Zugabe von etwas Butter kurz durchschwenken und gut verrühren. Etwa 2/3 der Blüten dem Hefeteig beimengen und Brötchen aus dem Teig formen.

3 Nun nochmals 10 Minuten gehen lassen und danach bei 170 °C im vorgeheizten Ofen backen.

4 Das Eiweiß mit einem halben Teelöffel Zucker schlagen, nach etwa 10 Minuten die Brötchen aus dem Ofen nehmen, mit dem Zuckereiweiß bepinseln und die restlichen Lavendelblüten draufstreuen. Nun zu einer knusprig schönen Bräune fertigbacken.

* Alle Rezepte sind für 4 Personen angelegt

Sommerblütensalat

Einfach, köstlich, hübsch und schnell zubereitet: Dieser kunterbunte Salat mit seinem lecker-leichten Dressing wird mit Sicherheit der Hit der Sommersaison. Abwechslungsreich und nicht allzu aufwendig – so sollte es in der modernen Küche zugehen. Natürlich darf auch der Geschmack nicht zu kurz kommen. Und wenn Salat und Dressing auch noch ein Augenschmaus sind, dann ist der Genuss perfekt für die Sinne.

Zutaten

1 Kopfsalat
50 g Rucola
2 Stängel Kerbel mit Blüten
1 Stängel Minze mit Blüten
1 Stängel Dill mit Blüten
1 TL frisch gehackte
Schnittlauchblüten
5 Radieschen
½ Salatgurke
1 EL Weinessig
1 EL Balsamico
Kräutersalz, Pfeffer, Zucker
1 Messerspitze Senf
1 Messerspitze Meerrettich
aus dem Glas
5 EL Olivenöl
3 EL Gartenkresse und eine
handvoll leckere Blüten zum
Bestreuen (z. B. Kapuzinerkresse, Rose, Rotklee, Nachtkerze, Veilchen und Gänseblümchen)

1 Den Salat zerteilen und sauber waschen. Die Kräuter ebenfalls sorgfältig waschen und klein hacken. Radieschen putzen und in feine Scheiben schneiden. Die Salatgurke schälen und in dünne Scheiben schneiden.

2 Alle Zutaten in eine Schüssel geben und durchmischen.

3 Alle Dressingzutaten kräftig miteinander vermischen und über den Salat geben.

4 Die bunten Blüten über den Salat streuen – fertig!

Mein Tipp

Eine köstliche Variante ist das Erdbeer-Rosen-Dressing. Verrühren Sie 5 EL Sonnenblumen- oder Rapsöl, ½ TL Kräutersalz und ½ TL Honig. Dazu geben Sie 3 EL frische Duftrosenblüten (in feine Streifen geschnitten) sowie 120 g frische Erdbeeren (fein gehackt).

Kartoffelsalat mit Gänse-blümchen und Löwenzahn

Sauer macht angeblich lustig und glücklich. Überzeugen Sie sich davon mit dieser verführerischen Kartoffelsalat-Kreation, abwechslungsreich und nicht allzu aufwendig in der Zubereitung.

Zutaten

800 g Kartoffeln

500 ml lauwarmes Wasser

1 Zwiebel

6 EL Rotweinessig

1 TL Kräutersalz

1 Prise frisch gemahlener Pfeffer

3 EL Olivenöl

1 Handvoll Gänseblümchen-blüten ohne Stiel

1 Handvoll Löwenzahnblätter oder Rucola

Bunte Blüten zur Dekoration

1 Die ungeschälten Kartoffeln etwa 20 Minuten kochen, bis sie gar sind, und anschließend im heißen Wasser zugedeckt ziehen lassen (10 bis 15 Minuten).

2 Die Marinade mit lauwarmem Wasser (oder Suppenbrühe), einer Zwiebel (kleingeschnitten), Essig, Öl, Salz und Pfeffer zu-bereiten. Wer möchte, kann außerdem Petersilie, Majoran oder Liebstöckel hinzugeben.

3 Die Kartoffeln mit kaltem Wasser abschrecken, schälen und direkt – noch warm – in die Marinade schneiden. Zwischen-durch immer wieder vorsichtig umrühren, sodass die Kartoffeln in der Marinade abkühlen. Anschließend die Blüten und Kräuter behutsam untermengen, eventuell nachwürzen und den Kar-toffelsalat zugedeckt kalt werden lassen.

4 Den Salat kurz vor dem Servieren nochmals durchmischen und mit bunten Sommerblüten der Saison (siehe Seite 124) dekorieren.

Holunderblüten-Küchle

Herrlich süßes Holunderblütenaroma macht diese Nachspeise zu einem Traum.
Ein »Leckerei-Hit« mit dem Duft nach Frühling.

Zutaten

12 Holunderblüten-Dolden
3 große Eier
3 gehäufte TL Rohrzucker
4 EL Dinkelmehl
Saft von 1 Bio-Orange
0,2 l Prosecco
2 EL Orangensaft
½ l Rapsöl
Puderzucker

1 Die Holunderblüten vorsichtig mit kaltem Wasser abwaschen und auf einem Blatt Küchenkrepp gut abtrocknen lassen.

2 Die Eier und den Rohrzucker mit dem Mixer schaumig schlagen. Nun das Mehl, den Orangensaft und den Prosecco unterrühren, bis sich ein dickflüssiger Teig gebildet hat. Notfalls noch ein wenig Mehl zufügen.

3 Die Blütendolden am Stiel halten, im Teig schwenken und im nicht zu heißen Öl goldgelb ausbacken. Optimal etwa 40 Sekunden. Das Öl auf einem Küchenkrepp abtropfen lassen und dann im Backofen bei etwa 70 °C warm stellen.

4 Die Küchle vor dem Servieren mit Puderzucker bestäuben. Dazu passt wunderbar etwas Vanilleeis.

Mein Tipp

Der liebliche, blumige Geschmack ist absolut unschlagbar als Beilage zu leichten, sommerlichen Desserts wie Topfencreme oder Obstsalat. Aber auch zu Schokoladen-Desserts sollten Holunderblüten-Küchle unbedingt mal probiert werden!

Karotten-Ingwer-Suppe mit Gänseblümchen

Eine Brühe mit Kraft, denn die Extraportion Ingwer gibt dieser Suppe den Kick. Außerdem enthält die Energiesuppe neben den herkömmlichen Zutaten frische (oder getrocknete) Ringelblumenblüten und ganz, ganz viele Karotten. Sie können diese Suppe auch als Unterstützung einer Fastenkur genießen – sie hat wenig Kalorien bei vollem Geschmack.

Zutaten

10 große Karotten
1 kleine Zwiebel
Sonnenblumenöl
½ TL fein geriebener Ingwer
2 EL frische Gänseblümchenblüten
1 l Wasser
1 TL frischer Blütenhonig
1 Prise Kräutersalz
1 Prise frisch gemahlener Pfeffer

1 Die Karotten schälen und in schmale Scheiben schneiden. Die geschälte Zwiebel ganz fein hacken.

2 Das Sonnenblumenöl erwärmen und die Zwiebelstücke glasig anrösten. Ingwer und Gänseblümchenblüten dazugeben und kurz durchschwitzen lassen. Mit dem Wasser aufgießen.

3 Die Karotten dünsten, bis sie knackig sind. Mit Salz, Pfeffer und Honig abschmecken und nochmals kurz durchziehen lassen.

4 Die Suppe anrichten und mit gedünsteten Karottenscheiben und frischen Gänseblümchenblüten dekorieren.

Mein Tipp

Diese Suppe ist wunderbar wärmend und eignet sich auch hervorragend für die kalte Jahreszeit – dann leider ohne frische Blüten.

Frisches Blütenpesto

Dieses Blütenpesto eignet sich perfekt, um im Handumdrehen leckere Pasta, Salatdressings, mit Sauerrahm vermischte Dips und vieles mehr zu zaubern. Aber auch zum Würzen von Grillfleisch ist das Blütenpesto einen kulinarischen Versuch wert. Hierfür das Fleisch ungewürzt auf beiden Seiten anbraten, erst dann mit Pesto bestreichen und nochmals kurz auf beiden Seiten grillen.

Zutaten

2 Tassen frische bunte Blüten
25 g Pinienkerne
Saft von 1 Zitrone
30 g Parmesan
50 ml Rapsöl

1 Die Blüten mit Pinienkernen, Zitronensaft, Parmesan und Öl zu einem Pesto mörsern. Ich empfehle Rapsöl, da es weniger Eigengeschmack als Olivenöl hat und somit der fein-würzige Blütengeschmack voll zur Geltung kommt.

Mein Tipp

Lust auf eine kleine Geschmacksreise nach Italien? Mit diesem köstlichen Spaghetti-Rezept kein Problem:

Zuerst 500 g Spaghetti al dente kochen. Dann 100 g Gorgonzola mit 2 TL frischem Blütenpesto in 120 g Sahne auflösen, 120 g frische Cocktail-Tomaten (halbiert) untermischen und 10 Minuten durchziehen lassen. Vor dem Servieren mit 1 TL frischen Rosmarinblüten dekorieren.

Beeren-Milchreis mit Sommerblüten

Mögen Sie Milchreis? Und kennen Sie auch das unbändige Verlangen nach etwas Süßem – es soll aber schnell und unkompliziert angerichtet sein? Dann liegen Sie mit diesem leckeren Nachspeisen-Rezept genau richtig. Der Milchreis ist nicht nur einfach auf den Tisch gezaubert, er verzaubert Sie und Ihre Lieben im Handumdrehen mit seinem fruchtigen Geschmack und macht Lust auf mehr …

Zutaten

5 Beutel Beerenfrüchtetee

400 ml Milch

1 Prise Vanillezucker

45 g Zucker

250 g Milchreis

1 Prise Salz

Je 50 g Himbeeren und Heidelbeeren (frisch oder tiefgekühlt)

Himbeer- oder Johannisbeersirup

3 EL frische Sommerblüten (Rose und Geranie)

1 Den Tee mit 300 ml heißem Wasser zugedeckt 15 Minuten ziehen lassen und mit Milch, Zucker und Vanillezucker verrühren.

2 Nun den Milchreis und das Salz in der Tee-Milch-Mischung kräftig aufkochen und im Topf ca. 45 Minuten ohne Hitzezufuhr mit geschlossenem Deckel ziehen lassen.

3 Die Beeren verlesen und mit dem Mixstab pürieren. Das Beerenmus in den fertig gekochten Milchreis einrühren.

4 Das Gericht auf Tellern anrichten, mit dem Fruchtsirup und den duftenden Blüten garnieren und sofort servieren.

Mein Tipp

Zum Milchreis schmeckt lauwarme Holundermilch ganz ausgezeichnet. Hierfür 2 frische Holunderblütendolden 5 Minuten in warmer Milch ziehen lassen und abseihen. Mit 1 TL Honig, etwas Vanillezucker und einer Prise Zimt verfeinern.

Blüten-Fruchtgelee mit Quitten und Birnen

Endlich Wochenende – Zeit für ein gemütliches Familienfrühstück. Was neben frischen Brötchen keinesfalls fehlen darf, sind Gelee, Marmeladen und Aufstriche, mit denen man den Tag zuckersüß starten kann. Genau dafür ist dieses Fruchtgelee gedacht. Wahrscheinlich werden sie zuerst nur »aahh, mmmhh, lecker« von Ihren Liebsten hören, denn die Früchte harmonieren wunderbar mit dem lieblichen Duft der Blüten. Sie können auch etwas frischen Ingwer beim Einkochen beifügen – ein zusätzliches Geschmackserlebnis.

Zutaten

2 Blatt weiße Gelatine

5 große Blütenköpfe Sommerdahlien

5 Blütenköpfchen Fuchsie

¼ l Birnensaft

Je 150 g Quitten- und Birnenstücke

1 Teelöffel Zitronensaft

1 TL Zucker

Auf Wunsch 1 Messerspitze geriebener Ingwer

1 Die Gelatine 5 Minuten in kaltem Wasser einweichen. Die Dahlien- und Fuchsienblüten im Fruchtsaft 15 Minuten zugedeckt köcheln lassen und danach abseihen.

2 Die Hälfte des Dahlien-Birnen-Fruchtsafts erhitzen (nicht kochen!), die Gelatine gut ausdrücken, zugeben und auflösen.

3 Die Früchte im restlichen Saft 15 Minuten bissfest kochen, den Gelatine-Saft zugeben und Zitronensaft und Zucker unterrühren. Die Früchte in kleine Förmchen verteilen, mit dem Fruchtsaft auffüllen und einige Stunden kalt stellen.

4 Die Förmchen kurz in heißes Wasser tauchen, das Fruchtgelee stürzen und mit geschlagener Sahne garnieren.

»Viermalgut« –
die besten Blütengelees

Diese ganz einfach hergestellte Blütengelees bestechen durch ihren umwerfenden Geschmack. Die Herstellung ist für alle vier gleich, lediglich die Blüten werden ausgetauscht. Selbstverständlich können Sie auch hier Ihrer Fantasie freien Lauf lassen und einzelne Blüten durch Ihre Favoriten ersetzen oder zusätzlich einen Schuss Sherry oder Portwein zufügen.

Zutaten

1800 g Äpfel, zerkleinert
Etwas Wasser
Saft von 1 Zitrone
500 g Gelierzucker (2:1)
Je 30 g frische Blüten
(siehe Empfehlungen S. 124)

1 Die zerkleinerten Äpfel mit wenig Wasser weich kochen und ziehen lassen. Vorsichtig abseihen. Den entstandenen Apfelsaft mit Zitronensaft und Gelierzucker bis zur Gelierprobe kochen. Die ganzen Blüten unterrühren, in vorbereitete Gläser füllen und gut verschließen.

Meine Lieblingskombinationen

Salbeiblüten & Holunder
Quendelblüten & Melisseblüten
Lavendelblüten, Gänseblümchen & Veilchen
Indianernessel & Jasminblüten

Mein Tipp

Die Gelees passen gut zu allen dunklen Fleischgerichten oder ganz einfach aufs Butterbrot. Wer es eher deftiger mag, kann den Apfelsaft zur Hälfte durch Most oder Wein ersetzen.

Rosenblüten-Honig

Man könnte diese köstliche Honigvariation auch »süß, sinnlich und voller Liebe« nennen. Nichts verkörpert die Liebesbotschaft besser, als die zarten und gleichzeitig ausdruckstarken Rosenblüten. Der süße Duft und Geschmack des Rosenhonigs ist ein echtes Erlebnis für die Sinne – probieren Sie es selbst!

Zutaten

3 EL duftende, tiefrote Rosenblütenblätter

500 g Blüten- oder Akazienhonig

1 Vanilleschote

1 Die Rosenblütenblätter ins Konfitürenglas füllen, mit Honig und der Vanilleschote auffüllen, das Glas gut verschließen und gut durchziehen lassen, evtl. nach zwei Tagen nochmals Honig nachfüllen.

2 An einem sonnigen Ort ungefähr einen Monat lang reifen lassen, bis der Honig dünnflüssig und herrlich duftend ist. Das Glas während der Reifezeit gelegentlich auf den Kopf stellen und schwenken.

Mein Tipp

Der Rosenblüten-Honig eignet sich herrlich zum Süßen von Beeren, Fruchtsalat, Desserts und Marzipan.

Gänseblümchengelee mit Rotklee

Dieser völlig natürlich aromatisierte Blütenaufstrich ist ein gelungenes Geschmackserlebnis – und das mit Sicherheit nicht nur zum Frühstück! Verwöhnen Sie Ihre Lieben mit einem lieblichen, aber leicht säuerlichen Gaumenerlebnis der besonderen Art.

Zutaten

400 ml Roséwein, lieblich
400 ml klarer Apfelsaft
150 g frische Gänseblümchen
80 g frische Rotkleeblüten
40 ml frisch gepresster Orangensaft
350 g Gelierzucker (3:1)

1 Den Rosé und den Apfelsaft in einen großen Kochtopf füllen, erwärmen und die Blüten beimengen. 24 Stunden im Kühlschrank durchziehen lassen.

2 Am nächsten Tag nochmals erwärmen (nicht kochen!) und durch ein feines Baumwollsieb filtern.

3 Nun den daraus gewonnenen Saft mit dem Orangensaft und dem Zucker vermischen, aufkochen und 3 Minuten kräftig durchkochen lassen.

4 Eventuell entstandenen Schaum abschöpfen und in saubere Gläser füllen. 5 Minuten kopfüber stehen lassen. Danach umdrehen und auskühlen lassen.

Mein Tipp

Diese Geleevariante ist trotz der eher geringen Zuckerzugabe recht süß, da im Rotklee viel süßer Blütenzucker steckt. Sie harmoniert nicht nur mit ihrem täglichen Frühstücksbrot, sondern schmeckt auch wunderbar zu Wildgerichten.

Sommerlaune Brotaufstrich

Was passiert, wenn sich Kartoffeln mit bunten Sommerblüten und herzhaften Gewürzen vereinen? Daraus ergibt sich eine große Portion beste Sommerlaune, die nur noch von selbstgemachtem Ciabatta gekrönt werden kann.

Zutaten

500 g festkochende Kartoffeln
1 Zwiebel
250 g Schmand
135 g Crème fraîche
4 EL frische, klein geschnittene Blüten von Rose, Sonnenblume, Duftgeranie, Kornblume, Schnittlauch und Oregano
2 TL Kräutersalz
1 Prise Pfeffer

Ciabatta

500 g Weizenmehl
10 g Zucker
20 g frische Hefe
300 ml lauwarmes Wasser
10 g Kräutersalz
25 ml Olivenöl

1 Die Kartoffeln weich kochen, schälen und im heißen Zustand fein pressen.

2 Zwiebel fein hacken und mit Schmand, Crème fraîche, Blüten, Salz und Pfeffer glatt rühren. Unter die Kartoffeln mischen – fertig!

Mein Tipp: Ciabatta selbst machen

1 Das Mehl in eine Schüssel sieben und in die Mitte eine Mulde drücken. Den Zucker und die Hefe im lauwarmen Wasser auflösen und in die Mulde gießen. Mit Mehl bestäuben und zu einem Vorteig kneten, diesen gehen lassen, bis er sich deutlich vergrößert hat.

2 Salz und das Öl zugeben und alles zu einen glatten Teig verkneten. Den Teig in 3 Teile teilen und in Laibe formen. Diese gehen lassen, bis sie sich etwa verdoppelt haben. Bei 210 °C Umluft backen, bis die Laibe eine goldige Farbe haben.

Kapuzinerkresse-Grillbutter

Diese Leckerei darf bei keinem Grillabend fehlen: Kräuterbutter mit der feinen Schärfe der Kapuzinerkresse schmeckt hervorragend zu Backkartoffeln oder Baguette – und ist blitzschnell und einfach gemacht.

Zutaten

½ Tasse frische Blüten der Kapuzinerkresse

250 g weiche Butter
Kräutersalz nach Belieben
6 frische Blätter Kapuzinerkresse

1 Die Blüten etwa 5 Minuten in eine Schlüssel mit Salzwasser geben, um damit ungebetene Besucher wie Ameisen in die Flucht zu schlagen.

2 Die weiche Butter mit der Küchenmaschine oder dem Handmixer durchrühren, Kräutersalz und die ganz fein geschnittenen Kresseblätter untermischen. Erst danach die ebenfalls fein geschnittenen Blüten beigeben. Die Butter nun in ein schönes Schüsselchen oder ein flaches Glas füllen und im Kühlschrank zugedeckt wieder hart werden lassen.

Mein Tipp: Karottennudeln mit frischer Ringelblume und Kräuterbutter

3 besonders große Karotten
2 Esslöffel Kräuterbutter
¼ Limette
1 Teelöffel Ringelblumen-blüten

1 Die Karotten putzen und schälen. Dann mit einem Sparschäler viele feine Streifen abziehen.

2 Diese Karottenstreifen in eine Pfanne mit der Kräuterbutter geben und bei niedriger Temperatur so lange dünsten bis sie zart und bissfest sind. Dann mit dem Limettensaft und den Ringelblumenblüten anrichten.

Kandierte Veilchen- und Rosenblüten

Eine Vielzahl von Blütenblättern sind kandiert eine wahre Delikatesse für Gourmets. Kleine Exemplare wie Rosen, Gänseblümchen, Borretsch oder Veilchen eignen sich zum Kandieren ganz besonders, da sie von vornherein ein süßliches Aroma haben. Wichtig auch hier: natürlich nur Blüten aus dem eigenen Garten bzw. von ungespritzten Pflanzen verwenden!

Zutaten

1 Eiweiß
Blüten nach Wahl:
20 frische Rosenblüten,
40 frische Veilchenblüten,
40 Gänseblümchenblüten
oder 8 Stängel Lavendel-
blüten (noch nicht auf-
geblüht)
100 g Puderzucker

1 Das Eiweiß steif schlagen. Die Blüten mit einem kleinen Backpinsel dünn mit der Masse damit bestreichen und – ebenfalls dünn – mit Puderzucker bestreuen. Den überschüssigen Zucker vorsichtig abschütteln.

2 Die Blüten 3 bis 4 Tage auf einem mit Backpapier ausgelegten Backblech trocknen, bis sie sich glashart anfühlen. Zum Aufbewahren in eine gut verschließbare Dose legen.

Mein Tipp

Die kandierten Blüten immer zwischen Lagen von Back- oder Wachspapier aufbewahren, damit sie nicht verkleben.

Und als Dessert empfehle ich: Einfach fächerartig aufgeschnittene Erdbeeren auf Vanilleeis anrichten und mit kandierten Gänseblümchen- und Rosenblüten dekorieren. Das sieht toll aus und ist lecker!

Essig & Öl

Lavendelblütenessig mit Blütenhonig

Man könnte ihn auch »Genuss in Violett« nennen, denn der mediterrane Lavendelessig duftet würzig-süß, mit Anklängen von Basilikum und Estragon. Die wunderschöne helllila Farbe verdient ebensolche Beachtung wie der Geschmack, weshalb Ihr nächstes Salatbüffet mit Sicherheit große Aufmerksamkeit erregen wird.

Zutaten

15 Stängel Lavendel mit noch geschlossenen Blüten
5 Blätter Basilikum
5 Stängel Estragon
1 TL frischer Blütenhonig
10 g Rosinen oder Sultaninen
½ l dunkler Balsamico
½ l dunkler Weinessig

1 Die einzelnen Kräuter, den Honig und die Rosinen zusammen mit dem Essig in einen kleinen Kochtopf geben. Aufkochen und danach etwa 4 Minuten zugedeckt ziehen lassen.

2 Anschließend abseihen, in eine Flasche füllen und diese fest verschließen. Als Dekoration können frische Lavendelblüten in die Flaschen gegeben werden.

3 Nun die befüllten Flaschen 3 bis 4 Wochen stehen lassen und einmal täglich gut durchschütteln. Nach dieser Reifezeit hat der Lavendelessig sein volles Aroma erreicht und ist bereit für große Taten am Salatbüffet.

Gesundbrunnen-Blütenessig

mit Thymian-, Majoran- und Oreganoblüten sowie Orangen und Limetten

Es ist wichtig, dass Sie auf Ihr Bauchgefühl hören. Schon allein aus diesem Grund: Gönnen Sie sich einen Kräuteressig, der in der Tat ein wahrer Gesundbrunnen ist. Die schmackhaften Blüten von Thymian, Majoran und Oregano fördern ebenso wie der Rest der Kräuter die Verdauung, beruhigen den Verdauungsapparat und tun einfach nur gut, Orangen und Limetten runden den Geschmack fruchtig ab.

Zutaten

Je 20 g frische Blüten von Thymian, Majoran, Oregano

2 Scheiben Bio-Orangen mit Schale

Saft einer Limette

100 ml Essig (25 %ige Essigessenz)

300 ml Weißwein, trocken

100 ml Wasser

1 Die Kräuter nach der Ernte waschen und trocken schütteln. Wenn sie noch recht feucht in den Ansatz kommen, die Wassermenge vom Ansatz dementsprechend reduzieren.

2 Die Kräuter mit Essig, Weißwein, Orangenscheiben, Limettensaft und Wasser in ein dunkles Glasgefäß füllen und auf der sonnigen Fensterbank 10 Tage ziehen lassen, dabei gelegentlich schütteln oder umrühren. Unbedingt darauf achten, dass alle Kräuter immer von der Flüssigkeit bedeckt sind!

3 Nach 10 Tagen abfiltrieren und in Flaschen abfüllen. Um ein Nachdunkeln zu verhindern, die Flaschen dunkel lagern und möglichst auch dunkle Flaschen verwenden.

Rosmarinblüten-Balsamico mit Quitte

Nehmen Sie eine »Abzweigung zum Mittelmeer«, denn der herrliche Duft der Rosmarinblüten entführt einen schnell auf eine gedankliche Reise in den Süden. Zusammen mit der fruchtigen Quitte steht dieses Geschmackerlebnis für »la dolce vita«. Und außerdem – Quitte macht gute Laune.

Zutaten

3 EL frische Rosmarinblüten
4 Rosmarinzweige
1 Zweig Lavendelblüten
1 Quitte, in kleine Stücke geschnitten
1 l dunkler oder weißer Balsamico

1 Alle Zutaten werden in eine dunkle Flasche gefüllt und für 6 Wochen an einem warmen Ort aufgestellt.

2 Nach der Reifezeit abseihen und in 250 ml Flaschen füllen.

3 Dieser Balsamico ist mit Abstand der beste Blüten- und Kräuter-Balsamico, den ich kenne.

Mein Tipp

Mit seinem Geschmack verfeinert dieser unvergleichliche Balsamico nicht nur Salate, sondern auch eine Vielzahl italienischer Gemüse- und Tomatengerichte, bei deren Zubereitung es ratsam ist, nicht mit ihm zu geizen. Egal, ob mediterran oder klassisch zubereitet, der Rosmarinblüten-Balsamico sollte den ganzen Sommer über am besten jeden Salat verfeinern – dazu selbstgebackenes Brot mit Rosmarin, ein Glas Wein und der Abend ist gerettet.

Sommeressig mit frischen Erdbeeren

Mit dieser fruchtigen Köstlichkeit für Körper und Geist ist der Sommer gleich doppelt so schön! Dieser Kräuteressig mit Zitronenmelisse und frischen Erdbeeren belebt. Die Rosenknospen sorgen für farbliche Akzente und die Holunderblüten lassen mit ihrem lieblichen Geschmack ein Stück Nostalgie aufkommen – und die Gänseblümchen isst man einfach mit dem Salat mit.

Zutaten

10 Zweige Zitronenmelisse
100 g frische Erdbeeren
3 Rosenknospen
2 Holunderblütendolden
3 EL Sonnenblumenblüten
½ EL Ringelblumenblüten
¾ l Weißweinessig
1 TL Blütenhonig

1 Die Kräuter und Blüten in eine Flasche füllen und mit dem Weinessig, den in Scheiben geschnittenen Erdbeeren und dem Honig aufgießen.

2 Etwa 3 Wochen durchziehen lassen. Danach sorgfältig abseihen und in schöne Flaschen füllen.

Mein Tipp

Ich gebe immer noch einige Gänseblümchen-Blütenköpfchen als Dekoration in die Flaschen – das sieht toll aus und schmeckt lecker. Der Essig eignet sich auch, in schöne Flaschen gefüllt und dekorativ verpackt, wunderbar als Geschenk!

Veilchenblüten-Essig

Dieser leicht violette Essig mit seinem lieblichen Veilchenaroma wird der Blickfang auf Ihrer nächsten Grillfeier. Er gibt Soßen, Salaten und Ragouts eine ganz besondere Note.

Zutaten

1 Tasse frische Veilchenblüten
1 EL Blütenhonig
1 l weißer Weinessig
Evtl. einige Tropfen natur-reines Veilchenöl

1 Von den Veilchenblüten die Stiele entfernen – nicht waschen, damit das Aroma nicht verloren geht – anschließend zusammen mit dem Honig in eine Flasche geben und den Essig darüber gießen.

2 Die Flasche gut verschließen und an einem sonnigen Ort 3 Wochen durchziehen lassen. Danach alles durch ein feines Sieb geben, in eine Flasche füllen und im Kühlschrank aufbe-wahren.

3 Wenn Sie intensiven Veilchengeschmack lieben, mengen Sie 2 bis 3 Tropfen naturreines ätherisches Veilchenöl bei.

Mein Tipp

Weinessig ist einfach herzustellen: Füllen Sie herkömmlichen Weißwein in eine saubere Schüssel – sie können auch Weinres-te verwenden. Danach das Ganze mit einem sauberen Geschirr-tuch abdecken und dunkel stellen. Jetzt müssen Sie nur warten, bis sich der Wein zu Essig verwandelt hat. Dabei bildet sich eine Haut, die sogenannte Essigmutter. Essig abseihen – fertig! Die Essigmutter können Sie übrigens aufheben und gleich wieder zum Ansetzen von Weinessig verwenden – so geht's schneller.

Duftessig

mit Himbeeren, Duftgeranie, Dahlie, Sonnenblume und Gewürztagetes

Ein wahrhaft himmlischer Fruchtgenuss! Die Himbeere mit ihrem lieblichen Aroma, die Duftgeranie mit ihrem unvergleichlichen, lieblichen Duft, die Dahlie mit ihrem dezenten aber doch köstlichen Aroma und die farblichen Akzente von Sonnenblume und Tagetes – diese Essigvariation wird allen Ansprüchen gerecht. Mit seiner fruchtigen Säure verwöhnt er zudem noch ihren Gaumen auf besondere Art und Weise.

Zutaten

1 l feinster Apfel- oder Obstessig

100 g frische Himbeeren

4 Blätter Duftgeranie
(evtl. mit zartem Rosenduft)

1 Dahlien-Blütenkopf

Je 1 EL Sonnenblumen- und Gewürztagetes-Blütenköpfchen

1 Alle Zutaten werden in ein großes Weithalsglas gefüllt, fest verschlossen und über 4 Wochen an einem hellen, warmen Ort stehen gelassen. Sehr gut eignet sich hierfür eine Fensterbank.

2 Nach der »Reifezeit« den Essig sauber abseihen und in schöne Flaschen füllen. Als Dekoration können bunte Blüten mit eingefüllt werden.

Mein Tipp

Nehmen Sie diesen Essig als Gastgeschenk zur nächsten Grilleinladung mit, Ihre Gastgeber werden begeistert sein von dieser ungewöhnlichen und vorzüglichen Geschenkidee.

Stachelbeer-Stockrosen-Balsamico

Sie suchen ein anspruchsvolles, nicht alltägliches Geschenk? Wie wäre es mit dieser Spezialität aus der Blütenküche. Schon das Öffnen der Balsamico Flasche ist ein wahres Geruchserlebnis. Die feine Mischung aus fruchtigen Stachelbeeren, lieblich duftenden Stockrosenblüten und kräftigem Balsamico geben dieser Essig-Kreation ihren unnachahmlichen, feinen Charakter. Ob zu kräftigen Blattsalaten, Tomaten-Mozzarella oder in Verbindung mit Aufstrichen – diesem Blütenessig sind kulinarisch keine Grenzen gesetzt.

Zutaten

50 g frische Stachelbeeren
20 frische Stockrosenblüten
½ TL Blütenhonig
1 l dunkler Balsamico

1 Alle Zutaten werden zusammen in einer großen Weithalsflasche 5 Wochen an einem hellen Ort zum Durchziehen aufgestellt.

2 Nach der Reifezeit durch ein feines Sieb oder ein Baumwolltuch abseihen und nochmals 2 Wochen ruhen lassen.

3 Dann in 250 ml Flaschen abfüllen und genießen. Als Dekoration können frische Stachelbeeren oder 1 bis 2 Stockrosenblüten in die Flaschen gegeben werden.

Robinien-Essig
mit Ringelblumen

Die Robinie wird im Volksmund auch »duftendes Zauberblümchen« genannt. Ihr Geschmack ist süßlich, aber eher dezent, der Duft erinnert an Jasmin und Bergamotte. Die überaus harmonische Kombination von Robinien und Ringelblumen ist, gepaart mit mildem Weinessig, eine andere Variante des herrlichen Kräuteressigs. Das liebliche Aroma der Robinie bildet die Geschmacksbasis. Ein leckeres »must have« für Ihre Sommer-Salatküche!

Zutaten

5 Ringelblumenköpfchen
5 Robinienblüten
1 TL Sesamsamen
1 TL Senfkörner
2 Knoblauchzehen
1 l Weinessig
Evtl. 3 Stängel Zitronenmelisse

1 Blüten, Sesamsamen, Senfkörner und abgezogene Knoblauchzehen in eine schöne Flasche geben, mit Essig auffüllen und die Flasche verschließen.

2 Den Essig für 2 Wochen an einem sonnigen Ort ziehen lassen. Danach abseihen und in Flaschen füllen.

Mein Tipp

Ringelblumen sollten in keinem Garten fehlen! Diese anspruchslosen Pflanzen bringen nicht nur Farbe in Ihr Blumenbeet, ihre langen Pfahlwurzeln verbessern auch die Bodenqualität. Außerdem sind Ringelblumen ein guter Gründünger.

Sonnenblumenessig mit Kapuzinerkresseblüten und Chili

Eine ausgefallene Kreation ist diese Kräuteressigvariante mit frischer Kapuzinerkresse und würzigem Chili. Die beiden sind es auch, die dem Essig eine dezente Schärfe verleihen. Das ebenso würzige Aroma von Rosmarinblüten und Salbei sind ein zusätzlicher Gaumenkitzler und eignen sich für alle Blatt-, Tomaten- und Gurkensalate.

Zutaten

1 l Apfelessig
15 frische Kapuzinerkresse-blüten
2 Teelöffel frische Sonnen-blumenblüten
2 frische Chilischoten
1 TL Rosmarinblüten frisch oder ½ TL getrocknet
1 TL Salbeiblüten frisch oder ½ TL getrocknet

1 Knoblauchzehe, klein gehackt
1 kleines Stück Ingwer, fein gerieben
Saft von einer Zitrone
6 EL Kapuzinerkresse-Chili-Öl
Bunte Pfefferkörner, ganz
1 EL Sojasoße

1 Alle Zutaten werden in ein Weithalsglas gefüllt und dürfen für 3 Wochen an einem hellen Ort durchziehen.

2 Danach abseihen und in schöne Flaschen füllen. Der Essig bekommt noch mehr Aroma, wenn Sie die angetrockneten Kapuzinerkresseblüten fein schneiden.

Mein Tipp: Grillmarinade mit Kapuzinerkresse-Chili-Öl

Das Kapuzinerkresse-Chili-Öl wird auf die gleiche Weise her-gestellt wie der Sonnenblumenessig – allerdings sind dabei generell getrocknete Blüten und Chilischoten zu verwenden.

Dann alle Zutaten mit dem Blütenöl, dem Pfeffer und der Sojasauce vermischen und das Fleisch darin etwa 2 Stunden einlegen. Besonders gut geeignet ist diese Marinade für Geflügel oder Fisch.

Soßen, Dressings & Co.

Rosige Senffrüchtchen mit Sonnenblumen

Sie werden bald feststellen, dass Senf nicht gleich Senf ist. Die Rosenblüten und frischen Früchte verleihen dieser selbstgemachten Beilage eine besonders fruchtige Note. Der Senf schmeckt nicht nur zu kaltem Schweinebraten und Grillfleisch, sondern auch wunderbar zu deftigem Käse, Frischkäse oder ganz einfach auf frischem Ciabatta oder Butterbrot.

Zutaten

1 kg frisches Obst (Birne, Apfel, kernlose rote Trauben, Nektarinen und Marille)

750 g Rohrzucker

180 ml Wasser

180 ml Weinessig

50 g gemahlene Senfkörner (Senfmehl)

1,5 EL Meerrettich aus dem Glas

3 EL frische Rosenblüten, ganz

2 EL Sonnenblumen-Blütenblätter (gelb)

Bunter Pfeffer, gemahlen

1 Die Früchte waschen, schälen und in daumengroße Stücke schneiden. Den Rohrzucker mit dem Wasser und dem Essig aufkochen und das Obst darin so lange ziehen lassen, bis es glasig aussieht.

2 Zum Schluss den Meerrettich, die Rosenblüten sowie die Sonnenblumenblüten vorsichtig unterrühren. Mit Pfeffer abschmecken.

3 Die Früchte abseihen, abtropfen lassen und in Einmachgläser schichten.

4 Die Flüssigkeit mit dem Senfmehl etwa 10 Minuten sprudelnd kochen lassen und anschließend über die gemischten Früchte geben. Die frischen Blüten untermischen. Gläser sofort verschließen und für etwa 10 Minuten auf den Kopf stellen. Dunkel und kühl aufbewahren.

Joghurtdressing mit Garten- und Kräuterblüten

Wussten Sie, dass farbenfrohe Intensität inspiriert? Dieses Salatdressing überzeugt schon allein durch seine kunterbunte Farbenpracht. Die fein abgestimmte Mischung aus zarten Blüten und kraftvollen Kräutern hat einen feinen, lieblichen Geschmack, den die ganze Familie lieben wird.

Dieses Joghurtdressing ist würzig und herzhaft zugleich. Es wird mit Balsamico und Senf verfeinert. Schmeckt besonders zu knackigen, frischen Salaten hervorragend. Die Basis bildet leichter, fettarmer und cremig gerührter Joghurt.

Zutaten

250 g Magerjoghurt
4 EL bunte Blüten
(Sonnenblumen-, Rotklee-,
Rosen-, Ringelblumen-,
Oreganoblüten)

2 EL Balsamico
2 EL Wasser
1 gestrichener TL Kräutersalz

1 Alle Zutaten werden zusammen verrührt – fertig!

Mein Tipp

Kürbis-Pommes sind eine besondere Beilage, zu der das Joghurtdressing hervorragend als Dip mundet:

Einen Hokkaido-Kürbis waschen, teilen und in max. 1 cm dicke Spalten schneiden. Diese auf ein Backblech geben und mit 5 EL Sonnenblumenöl bestreichen. Großzügig mit Kräutersalz und Curry würzen. Die Kürbispommes werden bei 220 °C (Ober- und Unterhitze) kräftig überbacken.

Lavendel-Zimt-Soße

Duftende Lavendelblüten, würziger Senf und eine Prise Zimt vereinen sich zu einer Marinade wie aus »Tausendundeiner Nacht«. Sie schmeckt lecker zu Geflügel, Fisch und sogar zu Käseköstlichkeiten und verfeinert jedes Dressing.

Zutaten

3 EL Estragonsenf

3 EL Olivenöl

1 TL frische Lavendelblüten oder ½ TL getrocknet

1 Prise Zimt

1 EL Blütenhonig

1 Knoblauchzehe, fein gehackt

Salz und Pfeffer aus der Mühle

Saft von ½ Limette

1 Senf und Olivenöl in eine Schüssel geben, Blüten, Zimt, Honig und Knoblauch dazugeben.

2 Mit Salz und Pfeffer würzen, Limettensaft dazugeben. Mit dem Schneebesen gut verrühren und evtl. noch etwas Wasser beimengen.

Mein Tipp

Wer es scharf liebt, kann der Lavendel-Zimt-Soße 1 TL frisch geriebenen Ingwer unterrühren. Eine wahre Geschmacksexplosion!

Mediterranes Blütendressing

Sind Sie bereit für einen spannenden Ausflug nach Italien? Die Mischung aus Basilikum, bunten Blüten und Meersalz schmeckt besonders fein im »Insalata mista«, dem typisch italienischen, gemischten Sommersalat. Wer mehr will, als nur kochen, kann auch mit dieser Mischung seine kreative Ader ausleben und zusätzlich mit den bunten Blüten drauflos dekorieren.

Zutaten

3 EL Olivenöl
1 TL Zitronensaft
5 EL Balsamico
1 TL Senf
1 Knoblauchzehe
Salz, Pfeffer ,1 Prise Zucker
Je einen ½ TL Schnittlauch-,
Basilikum- und Lavendel-
blüten
Je einen ½ TL Petersilie,
Kerbel und Dill

1 Das Olivenöl mit dem Zitronensaft, dem Balsamico und dem Senf kräftig verrühren und ein paar Minuten durchziehen lassen. Den Knoblauch schälen, etwas salzen und mit einem Messer fein zerdrücken.

2 Die Blüten verlesen, waschen und mit einem Blatt Küchenrolle abtrocknen. Es werden ⅔ der Blüten fein gehackt, der Rest wird später als Dekoration verwendet.

3 Zwischenzeitlich die Kräuter (Dill, Kerbel und Petersilie) fein hacken und mit den restlichen Zutaten gut vermischen.

Mein Tipp: Insalata Mista – knackiger Sommersalat

100 g frischer Rucola
100 g kernlose Weintrauben
2 Eiertomaten
40 g Mozzarella
1 Sardellenfilet
Mediterranes Blütendressing

Den Rucola, die Weintrauben und die Tomaten waschen. Trauben halbieren und die Tomaten achteln. Den Mozzarella grob würfeln und das Sardellenfilet so klein wie möglich schneiden. Alles mit dem mediterranen Blütendressing vermischen.

Orangenblütensenf mit Vanillehonig

Sindbad, Aladin und fliegende Teppiche – der fruchtige Orangenblütensenf mit feinen, fernöstlichen Gewürzen lässt Sie von Abenteuern im fernen Morgenland träumen. Die feine Mischung aus Zimt, Kardamom und Ingwer verleiht zum Beispiel Grillsoßen eine orientalische Note und schmeckt dabei angenehm süß. Da wird die nächste Grillparty zum träumerischen Erlebnis.

Zutaten

200 g Senfkörner
(wenn möglich, weiße)

200 ml Weinessig

100 ml Mineralwasser

2 EL Orangenmarmelade

3 EL Blütenhonig Vanille

Mark von 1 Vanilleschote

Schale von 1 Orange, unbehandelt

1 TL Orangensaft

½ TL Kardamom

½ TL frisch geriebener Ingwer

1 Prise Zimt

1 TL Kräuter Salz

2 EL Orangenblüten frisch oder 1 EL getrocknet

4 EL Öl

3 EL Weinbrand

1 Die Senfkörner mörsern oder im Mixer ganz fein hacken. Alle Zutaten, außer dem Öl und dem Weinbrand, in eine Schüssel geben und gut durchmixen. 12 Stunden zugedeckt ziehen lassen.

2 Am nächsten Tag das Öl und den Weinbrand mit dem Mixer unterziehen, in saubere Gläser füllen und kühl lagern.

Mein Tipp

Ein besonderer Leckerbissen für alle, die Räucherlachs lieben:

Nehmen Sie 250 g Räucherlachs aus der Verpackung und lassen Sie ihn 30 Minuten temperieren. In der Zwischenzeit verrühren Sie 8 EL Orangenblütensenf mit 1 TL frisch geriebenem Meerrettich (oder 2 TL Meerrettich aus dem Glas) und lassen das Ganze 15 Minuten durchziehen. Lachs und Senf sofort anrichten und mit 2 TL frischer Kresse dekorieren. Dazu schmeckt frisches Baguette oder Toastbrot.

Stiefmütterchen-Zwetschgen-Soße

Diese besonders fruchtige, mit dem lieblichen Aroma der Stiefmütterchenblüten abgeschmeckte Soße passt ganz hervorragend zu Wild, Ente oder Fisch, aber auch zu milden Käsespezialitäten. Der süß-fruchtige Geschmack der Stiefmütterchen harmoniert hervorragend mit der ländlichen Würze der Zwetschgen. Schnell gemacht, verwandelt diese Soße jede Speise in ein wahres Festessen.

Zutaten

3 EL Rohrzucker

500 ml schwerer Rotwein

150 g Zwetschgenmus

Salz und Pfeffer

1 TL frische oder ½ EL getrocknete Stiefmütterchenblüten

2 EL Balsamico

1 Zucker in einem Topf hellgelb karamellisieren. Mit dem Wein ablöschen, kurz aufkochen lassen und um ein Drittel reduzieren.

2 Das Zwetschgenmus und die Stiefmütterchenblüten vorsichtig untermischen und mit Salz und Pfeffer abschmecken. Zum Schluss den Balsamico kräftig unterrühren, in saubere Gläser füllen und verschließen.

Mein Tipp

Wenn möglich, verwenden Sie frische Stiefmütterchenblüten – sie sind um einiges aromatischer als die getrockneten.

Gewürze

Duftgeranienzucker mit Vanille und Minze

Duftgeranie, Minze und Zucker ... klingt gewagt, schmeckt aber herausragend! Die feinwürzige Zuckermischung verschafft Kühle und Erfrischung. Pfefferminze ist DAS Gewürz für heiße Tage – zusammen mit der Duftgeranie eine neue Geschmackserfahrung. Und eines ist auch sicher: Die Kombination bringt Ihren Körper und Geist in Schwung.

Mit der Vanille entsteht eine leicht süßliche Note. Durch das fruchtig-erfrischende Aroma eignet sich diese Zuckervariante sehr gut zum Süßen von Mehlspeisen und Kräutertees.

Zutaten

½ kleine Tasse getrocknete Geranienblüten

½ Tasse getrocknete Pfefferminzblätter und -blüten

2 Vanilleschoten
Rohr- oder Krümelkandiszucker

1 Die getrockneten Blüten werden mit dem Vanillemark fein vermahlen und im Verhältnis 1:4 mit dem Zucker vermengt. Nochmals mit der Küchenmaschine fein durchmischen und zum Aufbewahren in ein Schraubglas füllen.

2 Diese Mischung lässt man mindestens 4 Wochen in einem geschlossen Glas ziehen, damit sich das Aroma voll entfalten kann. Erst dann genießen!

Mein Tipp

Eine Prise dieses Blütenzuckers in ein Glas Prosecco – das schmeckt einfach nur lecker!

»Süße Verführung« – Blüten-Kräuter-Gewürz

Diese süße Verführung aktiviert Geist und Körper auf sinnliche Weise. Abwechslungsreich wie die Liebe selbst gibt die Blüten-Zucker-Früchte-Mischung zum Beispiel Fruchtsalaten, Kuchen und auch Keksen den richtigen Kick. Ihrer Experimentierfreude sind auch hier keine Grenzen gesetzt.

Zutaten

Je 5 g getrocknete Rosen-, Holunder- und Jasminblüten

Duftgeranie (evtl. mit Rosenduft)

Geriebene Schale einer halben Zitrone

1 Päckchen Vanillezucker

10 g getrocknete Erdbeerstücke

250 g Rohrzucker

1 Alle Zutaten in der Küchenmaschine zerkleinern und in einem fest verschließbaren Glas aufbewahren. Das Glas sollte dunkel gefärbt sein, oder, wenn es klar ist, im Schrank gelagert werden.

Mein Tipp

Durch das Bearbeiten in der Küchenmaschine wird der Zucker sehr fein zermahlen (also zu Puderzucker), und eignet sich somit auch perfekt zum Süßen und Aromatisieren von kalten Getränken, Cocktails, Süßspeisen und Backwerk. Die bunten Blüten verleihen dem Zucker interessante Farben.

Würziges Sommer-Sonne-Blütengewürz

Ob Soßen, Suppen, Kurzgebratenes, Gemüse oder Aufstrich – manchmal fehlt das gewisse Etwas. Doch mit dem würzig-feinen Sommer-Sonne-Blütengewürz haben Sie eine tolle Möglichkeit gefunden, deftige Speisen zu verfeinern. Die einzigartige Zusammensetzung aus naturreinem Meersalz, edlen Gewürzen und Blüten verleiht allen deftigen Speisen einen einmalig würzigen Geschmack.

Zutaten

80 g naturreines Meersalz, gemahlen

5 g Basilikum mit Blüten

3 g roter Pfeffer

1 Messerspitze Chili

Je 2 g Oregano und Thymian

1 Prise Ringelblumenblüten

5 g geriebene Orangenschale

3 g getrocknete Orangenstücke, ganz klein gehackt

3 g Knoblauchstücke, fein gehackt

1 Hier empfiehlt es sich, einen größeren Vorrat anzulegen, denn Sie werden sehen, es ist blitzschnell aufgebraucht – so lecker schmeckt es.

2 Damit sich das Blütengewürz lange hält, nur getrocknete Zutaten verwenden, kräftig miteinander vermischen und in der Küchenmaschine oder im Mörser so fein wie möglich zerkleinern.

3 In saubere und vor allem trockene Gläser füllen.

Blütenzauber-Kräutersalz

Einmal ausprobiert, will man nicht mehr verzichten auf die farbenfrohe, aromatische und ein bisschen pikante Salzmischung. Sie macht aus den einfachsten Speisen edle Gerichte und eignet sich besonders für Kräuteraufstriche, Risotto, Nudelgerichte, Soßen, Fleisch und selbstverständlich für Gemüse. Das Blütenzauber-Kräutersalz verleiht auch allen Salaten und Rohkost-Genüssen eine herrliche Note und ein leicht mediterranes Flair.

Zutaten

Alle Blüten und Gewürze getrocknet

1 TL Salbeiblüten

1 EL Rosenblüten

1 EL Königskerzenblüten

1 EL Melissenblätter

1 EL Rosmarin

1 EL Oregano

1 Messerspitze Chili, rot

1 EL getrocknete Borretschblüten und -knospen

80 g Meersalz

1 Die getrockneten Blüten und Gewürze (bis auf den Sternanis) im Mixer feinhacken, dann zusammen mit dem Salz kräftig durchmixen und zerkleinern. Man kann auch die Gewürze im Mörser zermahlen und dann mit dem Salz vermischen.

2 Das Ergebnis sollte ein streufähiges Würzsalz sein.

Mein Tipp

Für alle Knoblauchfans: Sie können der Kräutersalz-Mischung auch noch 1 EL getrocknete Bärlauchblätter (fein gehackt) und 1 EL getrocknete Bärlauchblüten hinzufügen.

Kunterbuntes Salatgewürz

Für die meisten Salatfans gibt es kaum etwas Appetitlicheres als einen frisch geernteten Salat aus dem eigenen Gemüsegarten – knackig, gesund und mit frischen Kräutern … einfach lecker!

Diese Blüten-Kräuter-Mischung ist mit Sicherheit das ganze Jahr gefragt, sie sorgt für Abwechslung und Genuss. Schon das bloße Ansehen der untergemischten bunten Blüten verbreitet gute Laune.

Zutaten

3 g getrocknete Petersilie
5 g getrockneter Oregano
5 g getrockneter Bärlauch
3 g getrocknete Sonnen-blumen Blütenblätter
2 g getrocknete Tagetesblüten
2 g getrocknete Rosenblüten-blätter
2 g getrocknete Stockrosen-blüten, fein gehackt
2 g getrocknete Oregano-blüten

1 Alle Blüten- und Kräuterzutaten werden getrocknet, sorgfältig vermischt und mit dem Mörser so fein wie möglich zerkleinert. In dunkle Gläser gefüllt, haben Sie ein lange duftendes, aromatisches Salatgewürz.

Mein Tipp

Falls Ihnen im Winter der Sinn mehr nach Suppe als nach Salat steht, kann die Mischung auch dafür verwendet werden. Übrigens: Diese Gewürzmischung schmeckt auch sehr lecker in Aufstrichen!

Chili, Blüten & Co.-Gewürzmischung

Sie wollen es gerne farbenfroh und sind noch dazu ein bisschen mutig? Dann bringen Sie mit dieser herrlichen Gewürzmischung Feuer in Suppen, Pastasoßen und Eintöpfe. Lassen Sie sich von Chili und scharfem Rosenpaprika einheizen. Die Gewürzmischung verleiht allen Speisen – vom Aufstrich über Fleischgerichte bis zum Gemüseeintopf – einen angenehm pikanten Geschmack. So wird der nächste Sommer richtig würzig – olé!

Zutaten

1 Messerspitze Chili, gemahlen

1 Messerspitze scharfer Rosenpaprika

5 g Knoblauchflocken

10 g Zwiebelflocken

Je 2 g Blüten von Malve, Oregano, Basilikum, Rosmarin, Sonnenblume, Ringelblume und Rose

1 Alle Zutaten, ob frisch oder getrocknet, werden miteinander vermischt und zerkleinert.

2 Sie dürfen ruhig noch etwas grob sein, man soll die bunte Köstlichkeit auch sehen, denn bekanntlich isst das Auge ja mit.

Mein Tipp

Alle Zutaten können frisch oder getrocknet verwendet werden. Der Geschmack mit frischen Zutaten ist um einiges intensiver, die Haltbarkeit aber leider begrenzt.

Rosenpfeffer

Erdbeeren mit Rosenpfeffer – eine Kombination, die alle Geschmacksnerven schier explodieren lässt. Diese ganz spezielle Mischung aus buntem Pfeffer, kombiniert mit getrockneten Rosenblütenblättern, gibt aber auch allen Fleisch- und Fischgerichten ein besonderes Gusto.

Zutaten

Je 10 g roter, grüner, schwarzer und weißer Pfeffer

20 g getrocknete Duftrosenblüten

1 Alle Zutaten kräftig durchmischen und im Mörser grob zerstoßen.

2 Für manche Gerichte ist es von Nutzen, wenn Sie den Pfeffer noch einmal in der Mühle mahlen. Sie können ihn aber auch grob verwenden, da die Körnchen nicht allzu scharf sind, sondern eher fruchtig-frisch.

Mein Tipp: Frische Erdbeeren mit Rosenpfeffer!

1 TL Rosenpfeffer
1 EL fein geriebene Limetten- oder Zitronenschale

2 EL Limetten- oder Zitronensaft

2 EL Zucker
1 Päckchen Vanillezucker
500 g frische Erdbeeren
150 g Vollmilchjoghurt
Einige frische, rote Rosenblüten zur Dekoration

1 Den Rosenpfeffer mit der Limetteschale, dem Limettensaft, 1 EL Zucker und dem Vanillezucker verrühren. Erdbeeren waschen, putzen, vierteln und mit der Gewürzmischung vorsichtig mischen. Im Kühlschrank 10 Minuten marinieren lassen.

2 Den Vollmilchjoghurt mit dem restlichen Zucker verrühren.

3 Die Erdbeeren in einem Schälchen mit einem Löffel Joghurtsoße servieren. Mit frischen Rosenblüten dekorieren.

Rosenblüten-Fischgewürz

Auf den ersten Blick ein bisschen ungewöhnlich – aber nach einmaligem Probieren eine wahre Freude für jeden Fischliebhaber. Empfehlen kann man dieses rosige und doch kräftige Gewürz zum zarten Würzen aller Fischgerichte, egal ob gebraten, gegrillt, als Suppe oder Eintopf. Die feine Gewürzmischung sollte erst zum Schluss das Gericht verfeinern, damit die Rosenblüten neben den kräftigen Kräutern und dem hoch aromatischen gelben Senfkörnern gut zur Geltung kommen.

Zutaten

50 g naturreines Himalaja- oder Meersalz

Je 1 Messerspitze Thymian-, Rosen- und Liebstöckelblüten

10 g Rosenscharfes Paprikapulver

10 g gemahlenen Ingwer

5 g gelbe Senfkörner

15 Korianderkörner

1 Stängel Zitronengras

1 Die getrockneten Kräuter und Blüten werden mit dem Salz in der Küchenmaschine ganz fein zerkleinert.

2 Sie können auch eine gröbere Version herstellen und in eine Salzmühle füllen. So werden Geschmack und Aroma noch um einiges intensiver.

Mein Tipp: Lachs-Dip

250 g geräucherter Lachs
250 g Frischkäse
1 EL Rosenblüten-Fischgewürz

Den Lachs in kleine Würfel schneiden und zusammen mit dem Frischkäse und dem Fischgewürz vermischen. Dazu wird frisches Weißbrot serviert.

Ringelblumen-Zucker mit Anis und Kardamom

Ringelblumen sind meine kleinen Sonnen, wie ich sie oftmals liebevoll nenne. Zusammen mit Anis, Kardamom und Zucker lassen sie ein bisschen orientalisches Flair aufkommen. Verfeinern Sie auf einfache und doch effektive Weise den Milchschaum für Ihren Kaffee genauso wie Desserts, Tees und Kakao. Auch im Joghurt lässt die leckere Zuckermischung fliegende Teppiche wahr werden und erinnert an Aladin und »Tausendundeine Nacht«.

Zutaten

15 g getrocknete Ringel-
blumenblüten

Je 1 Messerspitze Kardamom,
Zimt und Ingwer

1 Vanilleschote

100 g Zucker

1 Alle getrockneten Zutaten in der Küchenmaschine zerkleinern und in einem fest verschließbaren Glas aufbewahren.

Mein Tipp

Durch das Bearbeiten in der Küchenmaschine wird der Zucker sehr fein zermahlen (also zu Puderzucker), und eignet sich somit auch gut, um zum Beispiel kalte Getränke zu süßen und zu aromatisieren.

Malvenblüten-Zucker mit Zimt

Es ist ein uraltes Geheimnis, dass Liebe durch den Magen geht. Für die Zuckersüßen und die wahren Genießer unter Ihnen ist diese Zuckermischung genau das Richtige. Der mild aromatische Geschmack der Malve und das kräftige Zimt-Aroma harmonieren perfekt und geben Ihren süßen Köstlichkeiten zum Schluss noch das »gewisse Etwas« mit einem Hauch Orient. Diese Zuckervariante schmeckt besonders lecker auf Waffeln, in Kuchen oder zum Süßen von Tee oder Kaffee.

Zutaten

30 g Malvenblüten
5 g frisch gemahlenen Zimt
200 g Zucker

1 Die getrockneten Malvenblüten zusammen mit dem Zimt mittels Küchenmaschine oder mit dem alt bewährten Mörser so fein wie möglich zerkleinern.

2 Danach mit dem Zucker mischen und nochmals kräftig mit dem Mörser oder der Küchenmaschine zerkleinern, bis eine ganz feine Konsistenz entstanden ist.

Mein Tipp

Zutaten

Saft einer Limette
250 g Mascarpone
250 g Sahne
80 g Malvenblüten-Zucker

Mascarpone-Creme mit Malvenblüten-Zucker – schmeckt lecker zu frischen Früchten!

1 Die Sahne mit dem Malvenblüten-Zucker steif schlagen.

2 Im Anschluss die Sahne mit dem Limettensaft unter die Mascarpone rühren.

Tee, Likör
& Limonade

Sommerdahlien-Sirup mit Zitronenscheiben

Jetzt führt unsere Blüten-Weltreise ins ferne Asien, wo die Dahlienblüten zum kulinarischen Alltag gehören. Die zarte, aber doch klar definierte, Ingwer Note gibt hier noch das Tüpfelchen auf das »i«.

Der fruchtig-frische Dahlienblüten-Sirup schmeckt mit Sicherheit nicht nur Asia-Fans und kühlt wohltuend an warmen Tagen, er ist ein ideales Getränk für Zuhause oder unterwegs, für Schule und Büro. Er ist auch wunderbar geeignet, um Tee eine verführerisch-süßliche Note zu verleihen.

Zutaten

20 Stk. frische Dahlien
400 ml Wasser
350 g Zucker
1 kleiner Ingwer, fein gerieben
1 Orange in Scheiben geschnitten
1 TL Zitronensäure

1 Von den Dahlien die Blütenblätter abzupfen. Die Blüten vorsichtig schütteln, um eventuellen Staub oder lästige Mitbewohner zu entfernen.

2 Wasser und Zucker in einen Topf geben, aufkochen lassen und unter Rühren so lange schwach köcheln lassen, bis der Sud nur noch träge und schon ein bisschen dickflüssig brodelt.

3 Dann sofort vom Herd nehmen und in einen anderen, kalten Topf umfüllen.

4 Blüten, Ingwer und Orangenscheiben übergießen, die Zitronensäure untermischen und 24 Stunden zugedeckt ziehen lassen.

5 Sirup durch ein feines Sieb filtern, noch einmal kräftig aufkochen lassen und in saubere Fläschchen umfüllen.

Petunien-Schafgarben-Limonade

Ein Erfrischungs-Hit für den nächsten Sommer mit lieblicher Süße und fruchtig-erfrischendem Aroma. Eine angenehme Abkühlung, ideal für Zuhause, unterwegs oder das Büro. Mit einem frischen Minzeblatt verfeinern – das schmeckt!

Zutaten

½ Tasse frische Petunien-
blüten

1 Tasse Schafgarbe
(nur die Blütendolden)

½ Tasse frische Minzeblüten

2 Stängel Pfefferminze

130 g Rohrzucker

1 l Mineralwasser

Saft von 1 Zitrone

1 Die Blüten und die Pfefferminze werden vorsichtig ausgeschüttelt und kräftig abgespült.

2 Zucker vorsichtig im Mineralwasser auflösen.

3 Die Blüten werden zusammen mit dem Zitronensaft und dem Zuckerwasser über Nacht zugedeckt und zum Durchziehen in den Kühlschrank gestellt.

4 Gekühlt mit einer Scheibe Orange und einem frischen Blättchen Minze servieren.

Blüten-Eiswürfel

Zu jeder gelungenen Party gehört das »gewisse Etwas« – ein kleiner Gag oder eine Besonderheit, die die Aufmerksamkeit Ihrer Gäste auf sich zieht. Manchmal sind es nicht die großen Dinge, die beeindrucken, sondern dekorative Kleinigkeiten, die für Gesprächsstoff sorgen: zum Beispiel süße Blüteneiswürfel. Damit kann man im wahrsten Sinne des Wortes geschmackvoll Getränke und Cocktails verzieren!

Zutaten

Bunte, essbare Blüten
(je bunter, umso schöner)

Kohlensäurefreies
Mineralwasser

Holunderlikör

1 Die Blüten ganz oder zerkleinert oder auch kunterbunt gemischt – lassen Sie Ihrer Phantasie freien Lauf – in Eiswürfelbehälter legen.

2 Halb mit kohlensäurefreiem Mineralwasser, halb mit Holunderlikör auffüllen und in die Tiefkühltruhe geben.

Mein Tipp

Verwenden Sie kohlensäurefreies Mineralwasser, da es nicht eintrübt, was mit Leitungswasser, aufgrund des Kalkgehaltes, leicht passieren kann.

Sonnenschein-Früchtetee

Tanken Sie Energie auf! Mit Sonnenschein für Körper und Geist ist der neu begonnene Tag gleich doppelt so schön! Die frisch geschnittenen Apfelstücke erfrischen, Ringelblume und Holunderbeere beleben Sie für alle Herausforderungen.

Zutaten

10 g frische Äpfel, klein geschnitten

5 g Hibiskusblüten

5 g frische Hagebutten

3 g frische Ringelblumen-blüten

20 g frische, sauber verlesene Holunderbeeren

Schale von ½, unbehandelten Zitrone

1 Die Blüten werden entweder frisch oder getrocknet verwendet.

2 Alle Zutaten miteinander vermischen. Geben Sie etwa 3 bis 4 gehäufte Teelöffel Früchtetee in eine Kanne und überbrühen Sie diesen mit 1 Liter kochendem Wasser.

3 Mindestens 15 Minuten ziehen lassen und fertig ist ein leckeres Getränk für die ganze Familie. Lassen Sie die Früchte-tee-Komposition ruhig etwas länger ziehen, damit sie ihr volles Aroma entfalten kann. Beachten Sie hier bitte auch, dass der Tee eine helle Farbe beibehält, wenn Sie keinen Hibiskus verwenden.

Mein Tipp

Mögen Sie Tee lieber erfrischend? Kein Problem – diese Mischung schmeckt kalt ebenso gut wie warm. Besonders in der heißen Jahreszeit ist dieser Blüten-Früchtetee ein idealer Durstlöscher, den man auch mit einem Schuss Apfel- oder Orangensaft verfeinern kann.

Gute-Laune-Blütentee

Wie wäre es, wenn Sie Ihren Morgen mit einem Lächeln beginnen würden? Diese Blütentee-Mischung hilft Ihnen dabei und der guten Laune steht nichts mehr im Weg.

Dieser duftende und kunterbunte Blütentee sieht nicht nur lecker aus, sondern schmeckt auch so. Vor allem Kinder lieben den lieblichen, milden Geschmack. Aufgrund seines geringen Anteiles an Hibiskus gehört er zu den magenschonenden Früchtetees.

Zutaten

8 g Hagebutten
24 g Heidekrautblüten
16 g Holunderblüten
10 g Schlüsselblumenblätter
8 g Lavendelblüten
4 g Hibiskusblüten

1 Die Blüten werden entweder frisch oder getrocknet verwendet. Wichtig ist bei der letzteren Variante: Die Blüten sind vollkommen getrocknet, wenn sie bei Berührung auseinanderfallen. Dann ist es an der Zeit, den Rest von den Blütenständen zu entfernen. Und schon sind die Zutaten für einen köstlichen Blütentee fertig. Die Teemischung hält sich am besten in einer dunklen Teedose.

2 Zubereitung: Übergießen Sie 2 Esslöffel Blütentee mit 1 Liter kochendem Wasser und lassen ihn etwa 10 Minuten ziehen, dann sieben Sie ihn ab und süßen je nach Geschmack, z. B. mit Honig. Diabetiker nehmen Fruchtzucker.

Mein Tipp

Etwas Zitronensaft hellt den Tee zusätzlich auf und gibt den absoluten Frischekick – sauer macht ja bekanntlich lustig.

Blüten-Hustentee für Kinder

Auf die überlieferten Weisheiten unserer Großmütter ist Verlass! Niemand weiß besser, was Kindern gut tut. Und genau aus diesem Grund stecken in dieser leckeren Kräuter-Blüten-Tee-mischung jede Menge Zutaten, die Sie mit Sicherheit aus der Kindheit kennen.

Im Blüten-Hustentee sind beliebte Kräuter mitsamt ihren Blüten zu einer Mischung mit aromatisch-würzigem Geschmack vereint. Besonders gut schmeckt der Tee mit etwas Honig oder braunem Kandis gesüßt. Er wirkt optimal gegen Husten in der kalt-feuchten Winterzeit und kann auch vorbeugend getrunken werden.

Zutaten

5 g zerstoßener Anis
10 g Lindenblüten
5 g Thymianblüten
3 g Pfefferminze mit Blüten
5 g Spitzwegerich mit Blüten
10 g Kamillenblüten
5 g Holunderblüten

1 Alle Zutaten werden laut Anleitung getrocknet und vorsichtig miteinander vermischt.

2 1 EL pro großer Tasse mit heißem Wasser überbrühen und 5 bis 7 Minuten zugedeckt ziehen lassen – je länger, umso intensiver wird der Geschmack.

3 Danach abseihen und schluckweise 2 bis 3 Tassen über den Tag verteilt trinken.

Holunderlikör
»Frühling & Herbst«

Dieser wunderbare Likör aus Holunderblüten und -beeren regt Appetit und Sinne an!

Zutaten
Erster Teil

6 Holunderblütendolden
(möglichst gerade auf-
blühend)

Ersatz: 10 EL Holunder-
blütentee

200 ml reiner Alkohol
(Weingeist 96 %)

250 ml Rum, 35 %

300 ml Wasser

Zweiter Teil

400 g reife Holunderbeeren

150 ml kaltes Wasser

100 g Zucker

1 TL Zitronensaft

30 g Blütenhonig

je 1 Orange und 1 Zitrone,
in Scheiben

1 Erster Teil: Ab Anfang Juni Holunderblütendolden sammeln.
Nicht waschen, nur gut ausschütteln. Blüten abzupfen und in
eine weithalsige Flasche füllen. Den Alkohol und 300 ml Wasser
auffüllen, Flasche gut verschließen und kühl und dunkel bis zum
Herbst ruhen lassen.

2 Zweiter Teil: Etwa Mitte August reife Holunderbeeren sammeln, waschen und mit einer Gabel von den Stielen streifen.
Mit 150 ml Wasser aufkochen und zugedeckt bei kleiner Hitze
25 Minuten köcheln.

3 Die Beeren durch ein feines Sieb streichen. 350 ml Saft
abmessen, mit Zucker und Zitronensaft in einem Topf erhitzen
und offen bei mittlerer Hitze 15 Minuten sanft kochen. Langsam
abkühlen lassen.

4 Den kalten Beerensirup mit dem alkoholischen Blütenansatz
und Honig mischen. Erst durch ein feines Sieb, dann durch ein
Leinentuch seihen.

5 Likör in heiß ausgespülte Flaschen füllen und gut verschließen. Kühl und dunkel lagern. Eventuell nach 3 Monaten nochmals durch ein feines Leinentuch oder einen Kaffeefilter seihen.

Orangenblütenlikör »Luce del Sole«

Etwas wärmenden Sonnenschein gefällig? Aus genau diesem Grund trägt diese Likörspezialität ihren Namen. Harmonisch-fruchtig schmeckt sie zu jedem Anlass.

Die Herstellung ist denkbar einfach – das Ergebnis eine wahre Köstlichkeit. Die Harmonie zwischen den fruchtigen Orangen, den zarten Orangenblüten und den aromareichen Pfefferkörner macht diesen Likör mit Sicherheit zu einem Ihrer Favoriten.

Zutaten

1 unbehandelte Orange
1 l Wodka
10 g getrocknete Orangenblüten
1 TL grüne Pfefferkörner
1 Bourbonvanille
300 g weißer Kandiszucker
3 Tropfen Zitronensaft

1 Die Orange in Scheiben schneiden und zusammen mit den Orangenblüten, den grünen Pfefferkörnern sowie dem Mark der Vanilleschote in ein Schraubglas legen. Dieses halb mit Wasser und halb mit Wodka füllen. 7 Tage bei Raumtemperatur stehen lassen. Danach abfiltern (Kaffeefilter).

2 Eine Zuckerlösung bereiten: Dazu eine Tasse Wasser in einen Topf geben und zum Kochen bringen. Drei Tropfen Zitronensaft hinein geben und unter Rühren den Zucker dazugeben. Jetzt die Flüssigkeit 15 Minuten leicht köcheln lassen.

3 Die Zuckerlösung auskühlen lassen und zum gefilterten Orangenansatz geben. Leicht schütteln und probieren. Wenn es zu süß ist, noch Wodka dazugeben.

Blütenlikör »Lavanda«

Mit diesem köstlichen Lavendelblüten-Likör bringen Sie das traditionelle Frankreich auf den Tisch – ohne Koffer zu packen oder ein Ticket zu lösen: einfach Augen schließen und genießen. Sofort ertasten Ihre Geschmacknerven einen Hauch Provence und geraten ins Träumen. Die erfrischende Zitronenverbene rundet den Geschmack wunderbar ab.

Zutaten

30 g frische Lavendelblüten
20 g Zitronenverbene-Blätter und -Blüten

1 Orange
200 g weißer Kandiszucker
1 l Doppelkorn oder Wodka

1 Die Blätter der Lavendelblüten und Zitronenverbene vorsichtig ausschütteln und vom Lavendel den Stiel bis zum Blütenansatz entfernen.

2 Die Orange abspülen und 1 bis 2 Scheiben abschneiden (wer einen intensiveren Orangengeschmack möchte, kann auch mehr nehmen).

3 Alles in ein Einmachglas geben, den Kandiszucker dazu und mit Schnaps übergießen.

4 Etwa 4 bis 6 Wochen ruhen lassen und täglich ein Mal durchschütteln. Danach abseihen und in Flaschen füllen.

Rosenblüten-Hagebutten-Likör »Regina dei Fiori«

Nicht umsonst trägt dieser Likör den Titel »Regina dei Fiori«, was so viel bedeutet wie »die Königin der Blumen« – und das ist in jedem Falle die Rose. Ein sinnlicher Likör der besonderen Art, mit intensiv-feinem Geschmack nach duftenden Rosen. Ein wahres Geschmackserlebnis!

Zutaten

500 g frische Hagebutten

180 g Rosenblüten (duftend und tiefrot)

150 g weißer Kandiszucker

700 ml Obstler oder Doppelkorn

200 ml Cognac

1 Die zerkleinerten Hagebutten mit Kernen und den Rosenblüten, dem weißen Kandis, dem Obstler und dem Cognac in ein Gefäß geben. Dieses verschlossen 4 bis 6 Wochen an einem warmen Ort stehen lassen und täglich durchschütteln. Anschließend filtrieren und den Likör noch einige Zeit stehen lassen.

2 Nach der Reifezeit sauber abseihen und die Rosenblüten, den Kandis, den Schnaps und den Cognac beimengen. Nochmals 4 Wochen verschlossen durchziehen lassen. Täglich kurz durchschütteln intensiviert den rosigen Geschmack.

3 Danach durch ein Sieb oder Baumwolltuch abseihen und in schöne, dekorative Flaschen füllen.

Kamille

Matricaria chamomilla

Beschreibung: Die einjährige Pflanze wird 10 bis 50 cm groß, hat einen glatten, aufrechten, stark verzweigten Stängel und gefiederte Blätter.. Die Blüten sind goldgelbe Röhrenblüten mit hellweißen Zungenblüten. Sie erscheinen in warmen Gegenden ab Ende Mai, sonst eher ab Juni.

Standort: Die Kamille ist anspruchslos was Boden und Nährstoffe angeht. Im Garten kann man sie an sonniger Stelle anbauen.

Ernte: Man kann die stark aromatischen Blütenköpfchen den ganzen Sommer über ernten. Sie lassen sich hervorragend trocknen und als Vorrat anlegen.

Verwendung: In erster Linie wird die Kamille für Heiltees verwendet, aber auch in der Herstellung von ätherischen Ölen und Naturkosmetik. In der Blütenküche kann man auf ihr Aroma keinesfalls verzichten. Die Blüten lassen sich kandieren, schmecken lecker in Salaten und Aufstrichen und können sogar in Pfannkuchenteig frittiert werden.

Phlox

Phlox panicualata

Beschreibung: Der Phlox ist eine Staude, die vorrangig als Zierpflanze verwendet wird. Er kann ohne Rückschnitt eine Höhe von 80 cm erreichen. Die eiförmigen Blätter sind glatt und grün (einjähriger Phlox hat behaarte Blätter). Die Blütenstände bilden ansprechende Dolden. Wegen dem variierenden Farbspiel der Blütenblätter trägt die Pflanze auch den Namen »Flammenblume«.

Standort: Phlox-Stauden gedeihen am besten im feuchten nährstoffreichen Boden. Im Gegensatz dazu sind kriechende Phlox-Arten (Polster) geeignet für den Steingarten.

Ernte: Sommer-Phlox blüht von April bis Ende September. In dieser Zeit kann täglich frisch geerntet werden. Da die Blüten des Phlox schnell welken, immer frisch und kurz vor dem Anrichten ernten.

Verwendung: Phloxblüten sind ein echter Farbtupfer. Im Zusammenspiel mit starken Aromen wie Kamille oder Lavendel kann der feine Duft leicht überdeckt werden. Phlox passt zu feinen Blattsalaten mit mildem Dressing. Die farbigen Blüten werten jedes Buffet auf.

Duftgeranie

Pelargonium-Arten

Beschreibung: Es gibt die Duftgeranie in unglaublich vielen Duftrichtungen, von fruchtig über minzig-blumig bis holzig-herb-balsamisch, die bei der kleinsten Berührung der Blätter und Blüten freigesetzt werden.

Standort: Ideal ist ein helles Plätzchen: im Sommer auf dem Balkon oder der Terrasse, im Winter im Haus. Die Ansprüche an die Lichtverhältnisse sind eher anspruchslos: vollsonnig bis halbschattig. Perfekte Temperatur: 18–20 °C; im Winter 8–12 °C, jedoch nicht unter 5 °C.

Ernte: Man kann die duftenden Blüten und Blätter das ganze Jahr über ernten, am besten frisch, da bei der Trocknung eine Vielzahl der Duftstoffe verloren gehen.

Verwendung: Sie können mit allen Pflanzenteilen Tee, Gebäck oder auch Gerichte aromatisieren. Entsprechend der Vielzahl ihrer Aromen bieten Duftgeranien ein großes Experimentierfeld.

Kapuzinerkresse

Tropaeolum majus

Beschreibung: Die Kapuzinerkresse ist eine Kletterpflanze mit schildförmigen, blaugrünen Blättern. Mit ihren großen, trompetenähnlichen Blüten in leuchtendem Rot und Orange ist sie als Zierpflanze weit verbreitet.

Standort: In ihrer südamerikanischen Heimat wächst Kapuzinerkresse als mehrjährige Staude. In unseren Breiten erfriert sie bei stärkeren Frösten, sät sich aber selbst aus und kommt im nächsten Jahr an gleicher Stelle wieder.

Ernte: Die Blütezeit beginnt Ende April, Blätter können bis in den Herbst hinein geerntet werden.

Verwendung: Die Blätter haben eine rasch abklingende Schärfe und sind gleichzeitig erfrischend. Die Schärfe der Blüten ist feiner und würziger. Sie eignen sich wunderbar als Gewürz in Salaten, sollten aber erst zum Schluss auf dem Teller drapiert werden. Die Samen lassen sich wie Kapern einlegen (24 Stunden in Salz ziehen lassen und mit Essig auffüllen).

Herbstaster

Aster-Arten

Beschreibung: Die Herbstaster gehört zu den Korbblütlern. Es gibt ein-, zwei- und sogar mehrjährige Vertreter. Sie zeichnen sich durch besondere Farbenvielfalt aus.

Standort: Diese Gartenblume liebt sonnige Standorte, sollte aber gut gegossen werden. Trocknet die Erde aus, werden die Blätter leicht gelb und fallen ab. Sehr hohe Herbstastern neigen dazu, leicht abzuknicken. Daher werden immer mehrere Stauden unterschiedlicher Wuchshöhe nebeneinander gepflanzt. Steht eine Staude alleine, muss man die Triebe an Stäben festbinden.

Ernte: Die Herbstaster blüht von September bis Oktober und kann während dieser Zeit geerntet werden. Auch hier gilt – frisch und kurz vor dem Anrichten!

Verwendung: Stiel und Blätter sind für die Blütenküche unbedeutend. Die Blüten schmecken zart süßlich und leicht würzig. Sie passen wunderbar als herbstliche Deko auf alle Salate und können kandiert oder zu Säften oder Gelees verarbeitet werden.

Hornveilchen

Viola cornuta

Beschreibung: Das Hornveilchen ist eine ausdauernde, krautige Pflanze, die 20 bis 30 cm hoch wird. Die eiförmigen, spitzen und gekerbten Blätter sind meist 2 bis 3, selten bis 5 cm lang und unten behaart. Die Nebenblätter sind meist grob gezahnt. Die Blüten sind violett oder lila gefärbt und duften. Ihr schwach gebogener Sporn wird 10 bis 15 mm lang.

Standort: Hornveilchen sind winterhart. Wie alle Veilchen bevorzugen sie Schatten bis Halbschatten. Die Ausbreitung erfolgt durch Ausläufer und reichliche Selbstaussaat. Veilchen sind besonders geeignet für Wildblumengärten am Gehölzrand.

Ernte: Die Blütezeit reicht, je nach Witterung, von Juni bis August. Die Blüten des Hornveilchen vorsichtig mit einem Messer vom Stängel abzwicken und sofort weiterverarbeiten, da sie schnell welken.

Verwendung: Hornveilchen duften nicht ganz so stark wie Duftveilchen, haben aber manchmal einen Hauch Vanille. Die essbaren Blüten erinnern an das amerikanische »Root-Beer«.

Löwenmäulchen

Antirrhinum majus

Beschreibung: Das Löwenmäulchen ist eine aufrecht, buschig wachsende Pflanze mit einer Wuchshöhe von 30 cm bis über 1 m. Die farbenprächtige Gartenblume wird in der Regel einjährig kultiviert.

Standort: Die Pflanze liebt die volle Sonne und ist völlig anspruchslos. Mitteltriebe der Jungpflanzen stutzen fördert den buschigen Wuchs! Gegen unkontrollierte Samenbildung und für die Blütenbildung müssen Löwenmäulchen regelmäßig stiellang abgeschnitten werden. Verblühtes ist ständig zu entfernen. Hohe Sorten sind nicht sehr standfest und sollten an Stäben fixiert werden.

Ernte: Die Blüten können den ganzen Sommer über geerntet und frisch oder getrocknet weiterverarbeitet werden. Beim Trocknen bleiben Farbe und der süßliche Geschmack etwas auf der Strecke.

Verwendung: Löwenmäulchen haben eine lieblichen Eigengeschmack und machen sich wunderbar in Blütenzucker, Blütensenf und auf Salaten.

Ringelblume

Calendula officinalis

Beschreibung: Diese einjährige, krautige Pflanze erreicht Wuchshöhen von bis zu 50 cm. Sie hat einen aufrechten, verzweigten Stängel mit breiten, lanzettförmigen, filzartig behaarten Blättern. Die körbchenförmigen Blütenstände sind, je nach Sorte, gefüllt und hellgelb bis dunkelorange gefärbt.

Standort: Die Ringelblume ist völlig anspruchslos, findet sich in jedem Garten zurecht und sät sich für das Folgejahr selbst wieder aus. Sie hat auch den Vorteil, dass sie den Gartenboden aufbessert.

Ernte: Die Blütezeit reicht von Juni bis zum Herbstende, wenn die ersten stärkeren Fröste auftreten. Bei der Ernte die Blütenköpfchen vorsichtig mit einem Messer oder einer Schere vom Stängel abzwicken. Entweder gleich frisch verwenden oder zum Trocknen auf Zeitungspapier auflegen.

Verwendung: Die Ringelblume hat ein hervorstechendes Aroma, die Blüten sind relativ geschmacksneutral. Die Blütenblätter werden gezupft verwendet. Sie eignen sich vor allem zur optischen Aufwertung von frischen Salaten.

Sonnenblume

Helianthus annuus

Beschreibung: Die Sonnenblume gehört zur Familie der Korbblütler und ist eine einjährige Pflanze. Sie erreicht eine Höhe von bis zu 3 m, in Einzelfällen bis zu 5 m. Ihr Erkennungsmerkmal sind die riesigen Blütenköpfe, die gelb bis rotbraun sein können. Sie bestehen aus vielen Blütenständen, jeder ergibt nach der Befruchtung einen Sonnenblumenkern. Blätter und Stamm sind mit einer leicht stacheligen Behaarung versehen.

Standort: Die Sonnenblume braucht viel Sonne. Ansonsten ist sie anspruchslos.

Ernte: Die Blütenköpfe mit einem Messer oder einer Rosenschere abschneiden und gleich die gelben Blüten abzupfen. Die Blütenblätter entweder trocknen lassen (nicht in der direkten Sonne, da sie sonst ausbleichen) oder frisch verwenden.

Verwendung: Die Pflanze selbst hat einen wunderbar würzigen Duft, die Blütenblätter schmecken fast neutral. Sie werden gezupft verwendet und eignen sich vor allem zur optischen Aufwertung von frischen Salaten, Aufstrichen und Teemischungen.

Margerite
Leucanthemum vulgare

Beschreibung: Die Margerite ist eine der der am weitesten verbreiteten Wiesenblumen Europas. Sie gehört zur Familie der Korbblütler und es gibt sie in vielen Farben und Wuchshöhen, von einjährig bis mehrjährig. Für unsere Blütenküche wird nur die herkömmliche Wiesenmargerite verwendet.

Standort: Die Margerite gedeiht in voller Sonne und auf nährstoffreichen, humosen Böden. Trockenheit mag sie nicht. Nach 3 bis 4 Jahren kann man die Stauden teilen, das bewirkt erneuten Blütenreichtum. Reichlicher Schnitt verlängert die Blütezeit.

Ernte: Für die Blütenküche werden lediglich die Blütenköpfchen bzw. die Blütenblätter verwendet – und diese vorwiegend frisch, denn getrocknet verfärben sich die weißen Blütenblätter bräunlich.

Verwendung: Sie werden überrascht sein, wie leicht würzig und etwas süßlich die Blütenköpfchen schmecken. Dadurch passen sie wunderbar zu Blattsalaten oder in Aufstriche, in Kräuterbutter oder kandiert auf Kuchen. Stängel und Blätter werden wegen ihres unappetitlichen Duftes nicht verwendet.

Königskerze
Verbascum thapsiforme

Beschreibung: Ihr Stängel ist filzig behaart und mit elliptischen, ebenfalls filzigen, Blättern gesäumt. Die hellgelben Blüten der Großblumigen Königskerze sind kurzgestielt und stehen in ährenartigen Blütenständen. Botanisch ähnlich ist die Gemeine Königskerze. Die Königskerze kann am richtigen Standort bis zu 3 m groß werden.

Standort: Die Königskerze entwickelt sich an einem sonnigen Plätzchen im Garten zur vollen Pracht. An den Boden werden keine besonderen Ansprüche gestellt. Die Königskerze ist ein Tiefwurzler, daher ist auch ihr Bedarf an Gießwasser eher gering. Wenn ihr ein Standort gefällt, sät sich die Königskerze jedes Jahr aufs Neue ganz von selbst aus.

Ernte: Man sammelt die geöffneten gelben Blüten von Juni bis in den September, am besten an sonnigen Tagen. Danach werden sie getrocknet und luftdicht aufbewahrt oder frisch verwendet.

Verwendung: Ihre ätherischen Öle leisten leckere und dekorative Dienste als Beigabe zu Marmeladen und Sirupen, auf Salaten, in Aufstrichen und vielem mehr.

Malve
Malva

Beschreibung: Die Malve wird ca.150 cm hoch und kann ausladende Ausmaße annehmen. Je nach Sorte findet man unter den Malven ausdauernde und zweijährige Vertreter. Die zweijährigen säen sich aber jedes Jahr von Neuem selbst aus.

Standort: Die Malve liebt trockene, kalkhaltige und stickstoffreiche Böden. Bei uns wächst sie häufig auf Schuttplätzen, an Mauern oder Wegrändern.

Ernte: Die Blüten werden den ganzen Sommer über ohne Stiele gesammelt. Es empfiehlt sich, die Malve stets frisch zu verwenden. Trocknen ist etwas schwierig, da die Trocknungstemperatur und die Luftfeuchtigkeit exakt übereinstimmen müssen. Ansonsten verfärben sich die zarten Blüten bräunlich und werden unansehnlich. Aus diesem Grund Malven entweder kurz vor dem Anrichten frisch ernten oder kandieren.

Verwendung: Die Blüten duften lieblich süß und verleihen Gelees und Sirupen eine dezent hellrosa Farbe. Als leckere Dekoration auf Salaten, in Aufstrichen oder Eiswürfeln sind sie ein kulinarisches Erlebnis.

Die Blütensaison Monat für Monat

Hier eine hilfreiche Aufstellung, wann welche Pflanzen für die Blütenküche zur Verfügung stehen.
Wie lange die einzelnen Blüten geerntet werden können, hängt auch von Witterung und Standortbedingungen ab.

Ab März

- Schlüsselblume (*Primula veris*)
- Vergissmeinnicht (*Myosotis sylvatica*)

Ab April

- Rose (*Rosa*-Arten)
- Wildrose, z. B. Hundsrose
  (*Rosa canina*)

Ab Mai

- Fuchsie (*Fuchsia*-Sorten)
- Hornveilchen (*Viola cornuta*)
- Löwenmäulchen (*Antirrhinum majus*)
- Malve (*Malva*-Arten)
- Margerite (*Chrysanthemum leucanthemum*)
- Passionsblume (*Passiflora*-Arten)
- Robinie (*Robinia pseudoacacia*)
- Stiefmütterchen (*Viola tricolor*)
- Veilchen (*Viola*-Arten)

Ab Juni

- Basilikum (*Ocimum basilicum*)
- Begonie (Eisbegonie, *Begonia semperflorens*)
- Borretsch (*Borago officinalis*)
- Dahlie (*Dahlia*-Sorten)
- Dill (*Anethum graveolens*)
- Duftgeranie (*Pelargonium*-Sorten)
- Gladiole (*Gladiolus*-Arten)
- Glockenblume (*Campanula*-Arten)
- Kamille (*Matricaria chamomilla*)
- Kornblume (*Centaurea cyanus*)
- Kürbisblüten (*Cucurbita*-Sorten)
- Lavendel (*Lavandula angustifolia*)
- Lindenblüte (*Tilia*-Arten)
- Mädesüß (*Filipendula ulmaria*)
- Petunie (*Petunia*-Sorten)
- Phlox (*Phlox paniculata*)
- Ringelblume (*Calendula officinalis*)
- Rotklee (*Trifolium pratense*)
- Schnittlauch (*Allium schoenoprasum*)
- Taglilie (*Hemerocallis*-Sorten)
- Thymian (*Thymus vulgaris*)
- Zitronenmelisse (*Melissa officinalis*)
- Zitronenverbene (*Aloysia citriodora*)
- Zucchiniblüte (*Cucurbita pepo var. giromontiina*)

Ab Juli

- Fenchelblüten (*Foeniculum vulgare*)
- Hibiskus (*Hibiscus*-Arten)
- Johanniskraut (*Hypericum perforatum*)
- Jasmin (*Jasminum officinale*)
- Kapuzinerkresse (*Tropaeolum majus*)
- Knoblauchblüten (*Allium sativum*)
- Königskerze (*Verbascum*-Arten)
- Nachtkerze (*Oenothera*-Arten)
- Oregano (*Origanum vulgare*)
- Sonnenblume (*Helianthus annuus*)
- Stockrose (*Alcea rosea*)
- Tagetes (Gewürztagetes, *Tagetes tenuifolia*)
- Ysop (*Hyssopus officinalis*)

Ab August

- Chrysantheme (*Chrysanthemum*-Arten)
- Herbstaster (*Aster*-Arten)
- Sommeraster (*Callistephus chinensis*)

Adressen, die Ihnen weiterhelfen

Gärtnereien für Wildblumen und essbare Blüten

Calendula Blüten- und Kräutergarten
Storchshalde 200
70378 Stuttgart-Mühlhausen
Tel.: 07 11 - 53 06 94 73
www.calendula-kraeutergarten.de

Kräuterschnecke
Essbare Blüten für den Garten
Steenbock & Walessa GbR
Hauptstraße 1a
27356 Rotenburg-Wümme
Tel.: 042 69 - 95 10 62
www.kraeuterschnecke.net

Staudengärtnerei Gaißmayer
Jungviehweide 3
89257 Illertissen
Tel.: 073 03 - 72 58
www.gaissmayer.de

Syringa
Duftpflanzen und Kräuter
Bachstraße 7 (nur Büroanschrift)
78247 Hilzingen-Binningen
Tel.: 077 39 - 14 52
www.syringa-pflanzen.de

Österreich

GARTEN DER VIELFALT
Essbare Blüten, Wild- und Bauernblumen, Gemüse und Kräuter aus kontrolliert biologischem Anbau
Herbersdorf 17
8510 Stainz
Österreich
Tel.: +43 (0) 34 63 - 43 84

Essbare Blüten und Blütenprodukte

fleurcuisine - essbare Blüten
Essbare Blüten, Sämereien, Kräuter & Gewürze
Unterheinrieter Str. 27
74199 Untergruppenbach
Tel.: 071 30 - 403 23 60
www.fleurcuisine.de

Manufaktur von Blythen
Essbare Blütenprodukte, Duftseminare und Blütenkochkurse
Brandenburgische Straße 65
15566 Schöneiche (bei Berlin)
Tel.: 030 - 64 84 90 27
www.von-blythen.de

Marita Wohlers Versandhandel
Kandierte Blüten und Zubehör für selbstgemachte Pralinen
Fliegenmoor 28a
21629 Neu Wulmstorf
Tel.: 041 68 - 911 440
www.wohlers-versandhandel.de

Marmelädchen
Blütenmarmeladen
Neuenfelder Str. 4
32361 Preußisch Oldendorf
Tel.: 057 42 - 70 06 87
www.marmelaedchen.net

Österreich

Gourmet-Blüten Titz & Titz
Essbare Blüten
Herbert und Marianne Titz
Sonnenweg 6
2482 Münchendorf
Österreich
Tel.: +43 (0) 676 - 609 25 49
www.gourmetblueten.at

Hex`n Ladl
Blumige Köstlichkeiten & mehr
Claudia Költringer
www.hexnladl.com

Blumige Ausflugsziele

Österreich

Bio-Bengelchen Kräuterdorf
Sonnentor Kräuterhandelsgesellschaft mbH
Sprögnitz 10
3910 Zwettl
Österreich
Tel.: +43 (0) 28 75 - 72 56
www.sonnentor.com

Grüner Garten
Geissler GmbH
Reisenbachstraße 6
2442 Unterwaltersdorf
Tel.: +43 (0) 664 - 355 00 11
www.gruenergarten.at

Weiterführende Literatur

Altes Kräuterwissen: Anbauen, ernten und verwenden
Claudia Költringer (BLV Buchverlag)

Blüten für die Küche: Warenkunde & Genussrezepte
Erica Bänziger, Ruth Bossardt (Hädecke)

Gartenkräuter. Die besten Arten und Sorten
Marie-Luise Kreuter (BLV Buchverlag)

Mein Hobby der Garten
Martin Stangl (BLV Buchverlag)

Was blüht denn da? Wildwachsende Blütenpflanzen Mitteleuropas
Margot Spohn, Roland Spohn, Dietmar Aichele (Kosmos Verlag)

Zauberhafter Blütengarten. Ein so kreativer wie praktischer Begleiter durch den blühenden Garten
Pippa Greenwood (Dorling Kindersley Verlag)

Verzeichnis der Rezepte

Stichwortverzeichnis

Claudia Költringer stammt aus einer kräuterkundigen Familie und ist in Österreich durch zahlreiche Zeitungs-, Zeitschriften- und Hörfunkbeiträge (ORF, Radio Salzburg etc.) bekannt. Sie bietet Wanderungen, Kurse (z. B. Naturkosmetik selbst gemacht) und Vorträge zu den Themen Natur und Kräuter an. Zusätzlich betreibt Frau Költringer einen Webshop, in dem sie selbst hergestellte Naturprodukte verkauft. Die Zutaten dafür stammen überwiegend aus ihrem eigenen Garten und werden in Handarbeit zu Marmeladen, Tees oder Seifen verarbeitet.
Weitere Informationen unter:
www.hexnladl.com

Die freischaffende Fotografin **Bettina Salomon** ist nach jahrelangem Wirken in London und San Francisco seit 2003 in Salzburg tätig. Ihre Fotografien sind in internationalen Ausstellungen zu sehen und werden von den wichtigsten Bildagenturen veröffentlicht. In Kursen und Workshops bringt sie ihren Teilnehmern die Kunst der Fotografie näher.
Weitere Informationen unter:
www.bettinasalomon.com

Impressum

Bibliografische Information der Deutschen Nationalbibliothek
Die Deutsche Nationalbibliothek verzeichnet diese Publikation in der Deutschen Nationalbibliografie; detaillierte bibliografische Daten sind im Internet über http://dnb.d-nb.de abrufbar.

 **BLV Buchverlag GmbH & Co. KG**

80797 München

© 2012 BLV Buchverlag GmbH & Co. KG, München

Bildnachweis: Alle Fotos von Bettina Salomon, außer:
Alterfalter – Fotolia.com: 9; emer – Fotolia.com: 2/3; sonne fleckl – Fotolia.com: 8; von der Emden: 21

Umschlagkonzeption: Kochan & Partner, München
Umschlagfotos:
Vorderseite: Corbis/Karl Newedel; Rückseite: Bettina Salomon

Programmleitung Garten: Dr. Thomas Hagen
Konzeption und Lektorat: Sandra-Mareike Kreß
Herstellung: Ruth Bost
Satz und Layout: griesbeckdesign, München

Gedruckt auf chlorfrei gebleichtem Papier

Printed in Germany
ISBN 978-3-8354-0935-4

Hinweis
Das vorliegende Buch wurde sorgfältig erarbeitet. Dennoch erfolgen alle Angaben ohne Gewähr. Weder Autorin noch Verlag können für eventuelle Nachteile oder Schäden, die aus den im Buch vorgestellten Informationen resultieren, eine Haftung übernehmen.

Köstlich kochen für Leib und Seele: aus der Natur frisch auf den Tisch!

Katharina Schober/Renate Hartmann
Die gesunde Wildkräuter-Küche
Geschmacksintensiv und gesund: Gerichte mit 60 Wildkräutern –
von Vorspeise bis Dessert · 120 Rezepte mit Klassikern wie Gänse-
blümchen und Veilchen, aber auch weniger bekannten Arten wie
Gundermann, Vogelmiere, Wegwarte und Kornelkirsche · Altes
Kräuterwissen, Sammeln und Zubereiten, Gesundheitsaspekte.
ISBN 978-3-8354-0820-3